O Poder da

Inteligência Criativa

O Poder da
Inteligência Criativa

10 Maneiras de Ativar o seu Gênio Criativo

Tony Buzan

Tradução
EUCLIDES LUIZ CALLONI
CLEUSA MARGÔ WOSGRAU

EDITORA CULTRIX
São Paulo

Título original: *The Power of Creative Intelligence.*

Publicado originalmente em inglês pela HarperCollinsPublishers Ltd.

Dados Internacionais de Catalogação na Publicação (CIP)
(Câmara Brasileira do Livro, SP, Brasil)

Buzan, Tony
O poder da inteligência criativa : 10 maneiras de ativar o seu gênio criativo / Tony Buzan ; tradução Euclides Luiz Calloni, Cleusa Margô Wosgrau. -- São Paulo : Cultrix, 2005.

Título original: The Power of Creative Intelligence.
ISBN 85-316-0897-X

1. Auto-ajuda - Técnicas 2. Pensamento criativo
I. Título.

05-4221 CDD-153.35

Índices para catálogo sistemático:

1. Inteligência criativa : Psicologia 153.35

O primeiro número à esquerda indica a edição, ou reedição, desta obra. A primeira dezena à direita indica o ano em que esta edição, ou reedição, foi publicada.

Edição	Ano
1-2-3-4-5-6-7-8-9-10-11	05-06-07-08-09-10-11

Direitos de tradução para o Brasil adquiridos com exclusividade pela
EDITORA PENSAMENTO-CULTRIX LTDA.
Rua Dr. Mário Vicente, 368 — 04270-000 — São Paulo, SP
Fone: 6166-9000 — Fax: 6166-9008
E-mail: pensamento@cultrix.com.br
http://www.pensamento-cultrix.com.br
que se reserva a propriedade literária desta tradução.

Impresso em nossas oficinas gráficas.

dedicatória

O Poder da Inteligência Criativa é dedicado com muito afeto e carinho a Lesley e Teri Bias; à minha mãe, Jean Buzan; a Lorraine Gill, Vanda North, Nicky e Strilli Oppenheimer, Petite Rao, Caroline Shott e Carole Tonkinson, pela criatividade, dedicação e trabalho exaustivo de todos para transformar este pequeno livro em realidade.

sumário

lista dos Mapas Mentais

Mapa Mental-Resumo do Capítulo 1; os ramos principais mostram as palavras-chave e as imagens das idéias mais importantes contidas em *O Poder da Inteligência Criativa.*

Mapa Mental-Resumo do Capítulo 2, em que a imagem central ressalta o tópico do cérebro esquerdo/direito. Os ramos principais expõem as características dos dois hemisférios e indicam como usar esse conhecimento para tornar a vida mais rica.

Mapa Mental-Resumo do Capítulo 3. Este Mapa resume a si mesmo! É um Mapa Mental sobre Mapas Mentais e sobre a razão de serem superiores ao sistema tradicional de anotação. Ele aborda também alguns modos de como você pode usá-los para melhorar a sua capacidade de pensar e fortalecer os músculos do seu cérebro.

Mapa Mental-Resumo do Capítulo 5. Este Mapa resume as suas habilidades musicais naturais, relaciona os grandes músicos tratados no capítulo e aponta algumas maneiras que podem ajudá-lo a melhorar e desenvolver a sua Inteligência Criativa Musical.

Mapa Mental-Resumo do Capítulo 6. Este especifica alguns dos maiores pensadores da humanidade apresentados neste capítulo, acrescenta mais algumas informações sobre o cérebro esquerdo/direito, trata da garimpagem da mente e lista algumas formas de aumentar a Produtividade.

Mapa Mental-Resumo do Capítulo 7. Este Mapa Mental resume as três maneiras principais que o ajudam a ampliar a sua Flexibilidade e Originalidade Criativas. Também sintetiza os exercícios de Criatividade que o capacitam a reforçar essa área.

Mapa Mental-Resumo do Capítulo 8. O Capítulo 8 descreve o extraordinário poder de associação do cérebro. Este Mapa resume isso, compara o seu cérebro com o universo e mostra alguns jogos que você pode adotar para aumentar o seu Poder de Associação.

Mapa Mental-Resumo do Capítulo 10. Um Mapa Mental divertido que vê a Criatividade e a vida através dos olhos e do cérebro do maior Gênio Criativo, a Criança. Cada ramo resume uma das principais características do Gênio Criativo infantil.

agradecimentos

Uma vez mais, expresso a minha mais cordial gratidão à equipe responsável por colocar o meu *Head First* em primeiro lugar nas listas de *bestsellers* e que repetiu o feito com *O Poder da Inteligência Criativa!* À minha editora-chefe, Carole Tonkinson; à minha editora, Charlotte Ridings; ao meu artista e ilustrador, Alan Burton; a Paul Redhead, Toby Watson, Tim Burn, Yvette Cowles, Jo Lal, Megan Slyfield, Jacqui Caulton, Aislinn McCormick, e ao novo membro da equipe, Ariel Kahn.

Excerto nas páginas 112-113 de 'October Salmon' de Ted Hughes. Publicado originalmente por Faber & Faber em *The River,* © Ted Hughes, 1983. Reproduzido com permissão de Faber & Faber.

Reprodução do caderno de notas de Charles Darwin, na página 56, obtida com autorização na Biblioteca da Universidade de Cambridge.

O nu, de Michelangelo, na página 77, obtido na Witt Library, Courtauld Institute of Art/Moravcke Galerie, Brno.

O Poder da

Inteligência Criativa

introdução:
iniciando a sua jornada criativa

capítulo um

você é criativo?

Você se considera criativo? Até que ponto? Para ter uma idéia (provavelmente surpreendente) da sua criatividade, reflita sobre as perguntas a seguir e responda-as para si mesmo:

1. Você "sonha acordado?" SIM/NÃO
2. Você planeja cardápios e cozinha para si mesmo, para a sua família ou amigos? SIM/NÃO
3. Você mistura e combina cores, tecidos e acessórios ao comprar roupas para criar um estilo próprio? SIM/NÃO
4. Você gosta de diferentes tipos de música? SIM/NÃO
5. Você lembra com prazer pontos altos da sua vida, por exemplo períodos especiais que passou com amigos, grandes momentos desportivos, férias inesquecíveis, algum 'fracasso' ou vitória importante? SIM/NÃO

6. Você fazia muitas perguntas quando era criança? SIM/NÃO
7. Você *ainda* faz muitas perguntas? SIM/NÃO
8. Você às vezes se encanta diante da complexidade ou da beleza das coisas e procura saber como isso funciona/foi feito/aconteceu/surgiu em sua vida? SIM/NÃO
9. Você tem fantasias sexuais? SIM/NÃO
10. Você tem em casa jornais, revistas ou livros que prometeu a si mesmo que leria, mas ainda não encontrou tempo para fazê-lo? SIM/NÃO
11. Há outras coisas em sua vida que você prometeu a si mesmo que faria ou realizaria, mas ainda não tomou a decisão de concretizá-las? SIM/NÃO
12. Você é movido ou estimulado por espetáculos excepcionais nos campos da música, dos esportes, do teatro ou das artes? SIM/NÃO
13. Você diria 'sim', se eu, com uma varinha mágica, de repente:
    - o tornasse um dançarino hábil, leve, esplêndido, capaz de surpreender a platéia em cada etapa da dança? SIM/NÃO
    - desse a você uma voz igual à do seu cantor preferido, capaz de cantar praticamente qualquer canção, para sua satisfação pessoal e para prazer e diversão de outras pessoas? SIM/NÃO
    - fizesse de você um artista competente, capaz de rascunhar em poucos instantes desenhos humorísticos, esboços, paisagens e retratos, e de esculpir tão bem que o próprio Michelangelo o consideraria um aluno brilhante? SIM/NÃO
    - transformasse você num exímio contador de histórias e de anedotas, capaz de hipnotizar as pessoas com suas narrativas e de fazê-las rir a mais não poder com suas piadas geniais? SIM/NÃO
14. Você está vivo?!! SIM/NÃO

Se você respondeu 'SIM' a mais da metade dessas perguntas, você é, por definição, **Criativo**.

Você descobrirá até que ponto é criativo à medida que prosseguir a sua jornada ao longo de *O Poder da Inteligência Criativa*. Mas para lhe dar uma rápida idéia, vejamos duas perguntas que podem parecer um pouco estranhas:

- **Você tem em casa jornais, revistas ou livros que prometeu a si mesmo que leria, mas ainda não encontrou tempo para fazê-lo?**
  Mais de 95 por cento das pessoas respondem 'SIM' a essa pergunta, pensando que ela significa que elas são simplesmente ótimas em adiar as coisas! De fato, elas *são* assim — mas são também muito criativas! Pense um pouco. Todos os dias, durante semanas, meses ou anos, os cérebros delas vêm *criando* as desculpas mais fantásticas para *não* começar a ler. Não importa que a criatividade esteja sendo direcionada para não fazer alguma coisa — ainda assim ela é uma criatividade excepcional e uma fonte de poder tão ilimitada que às vezes pode durar a vida inteira!

O que nos leva à pergunta:

- **Você está vivo?**
  Isso pode parecer um tanto óbvio, mas a pergunta encobre uma verdade profunda e significativa. Para sobreviver a cada dia da sua vida, o seu extraordinário cérebro precisa criar milhares de pensamentos, ações e soluções para problemas que, do contrário, o levariam rapidamente ao término dos seus dias nesta terra. O simples fato de estar *vivo* prova que você é muito, muito criativo.

Para aumentar e liberar a gigantesca Inteligência Criativa que você possui basta compreender como ela funciona e como pode ser desenvolvida. Este pequeno livro lhe mostrará o caminho.

o que é inteligência criativa?

Inteligência Criativa é a capacidade que você tem de conceber novas idéias, de resolver problemas de maneiras originais e de destacar-se da massa em termos de imaginação, comportamento e produtividade.

A Inteligência Criativa se compõe de inúmeros fatores, *todos* com possibilidades de ser aprendidos e desenvolvidos de modo a aumentar a sua criatividade. *O Poder da Inteligência Criativa* explicará cada um desses fatores e lhe mostrará como desenvolvê-los e aperfeiçoá-los. Esses fatores incluem:

1. **O Cérebro Esquerdo/Direito.** A capacidade de usar, numa ação conjunta, as diferentes habilidades dos dois lados do cérebro, o esquerdo e o direito.
2. **Tomar notas/Mapeamento mental.** A capacidade de 'tornar os seus pensamentos visíveis', tirando-os da cabeça e colocando-os no papel, para assim poder analisá-los em maior profundidade.
3. **Fluência.** A velocidade com que você pode conceber novas idéias. A fluência é a medida da sua produtividade criativa.
4. **Flexibilidade.** Flexibilidade criativa é a sua capacidade de produzir diferentes tipos de idéia e de passar de um enfoque a outro aplicando uma rica variedade de estratégias. A flexibilidade inclui a capacidade de ver as coisas de ângulos diferentes, de considerar os fatos a partir de outros pontos de vista, de tomar velhos conceitos e reorganizá-los sobre outros moldes e de modificar idéias preexistentes. Ela inclui também a capacidade de aproveitar *todos* os seus sentidos ao conceber novas idéias.
5. **Originalidade.** A originalidade é uma das essências da Inteligência Criativa e do pensamento criativo. Ela representa a capacidade de produzir idéias próprias — inusitadas, únicas e 'excêntricas' (isto é, 'afastadas do centro').

6. **Expansão de Idéias.** O bom pensador criativo toma uma idéia central e a expande em todas as direções, desenvolvendo, ampliando, adornando e em geral elaborando o pensamento original.
7. **Associação.** O pensador criativo se beneficia da condição de o cérebro humano ser uma 'Máquina de Associação' gigantesca. Com algum conhecimento intuitivo do modo de funcionamento dessa Máquina de Associação (com a leitura deste livro, você *terá* um conhecimento bem explícito!), os pensadores criativos são capazes de aproveitar esse recurso infinito para melhorar todos os aspectos de sua criatividade.

visão geral de *O Poder da Inteligência Criativa*

O Poder da Inteligência Criativa tem o objetivo de levá-lo numa Grande Jornada de Criatividade, mostrando-lhe como expandir e aumentar o poder do seu Pensamento Criativo em cada etapa da viagem. Os capítulos a seguir contêm biografias e histórias breves de pessoas que servem de modelo às qualidades que estão sendo estudadas. Cada capítulo inclui também um Exercício de Criatividade, elaborado com o propósito de torná-lo mais criativo. Além de desenvolver a capacidade da Inteligência Criativa para a qual está programado, cada exercício (graças ao fato de o cérebro ser uma máquina de associação com capacidade infinita de expansão e interconexão) desenvolverá ao mesmo tempo os músculos mentais de outras habilidades da Inteligência Criativa.

Os capítulos também explicam como você pode usar Mapas Mentais para desenvolver a sua Inteligência Criativa e apresentam exemplos das ferramentas de pensamento definitivas para o aprimoramento da criatividade, por mim desenvolvidas ao longo de toda a vida. Este livro inclui também muitos outros diagramas e ilustrações que aplicam os princípios da Criatividade para ajudá-lo a melhorar os seus próprios diagramas.

A seguir, uma síntese do restante do livro.

Capítulo 2 — Como Usar os seus Cérebros Mágicos Esquerdo e Direito

Neste capítulo, eu o conduzirei num vôo supersônico aos últimos cinqüenta anos de pesquisas sobre este fascinante aspecto da Criatividade. Você conhecerá novos aspectos relacionados com a natureza da Inteligência Criativa e aprenderá a usar esses aspectos para desenvolver o seu pensamento criativo de modo extraordinário.

Capítulo 3 — Criatividade Infinita — Mapeando a Sua Mente com Mapas Mentais

Este capítulo o apresenta à ferramenta definitiva do Pensamento Criativo, o Mapa Mental. Eu lhe mostrarei como se tornar um especialista no que vem sendo chamado de 'canivete suíço do cérebro'.

Capítulo 4 — Você, o Artista Criativo

Quem disse que você não sabe desenhar? Você sabe!

Aqui vou analisar com você as razões por que mais de 99 por cento das pessoas dizem que não sabem desenhar e por que elas estão erradas. Em seguida, apresentar-lhe-ei dois mestres da arte perfeitos: Leonardo da Vinci e Michelangelo. Cada um deles concebeu seus próprios métodos de criatividade absolutamente simples e eficazes, que você pode aplicar para descobrir o artista que existe dentro de você. Você também descobrirá que, até este momento da sua vida, você criou milhões de obras-primas sem se dar conta disso!

Capítulo 5 — Você, o Músico Criativo

Assim como acontece com a arte, a maioria das pessoas acha que não tem 'ouvido musical' e mais de 95 por cento estão convencidas de que não conseguem entoar uma simples melodia afinadas. Como na arte, isso não é verdade.

Neste capítulo, explicarei por que essas falsas crenças existem, como você pode superá-las e como liberar o músico naturalmente criativo que está dentro de você. Você descobrirá que esteve cantando bem na maior parte da sua vida e que existem algumas lições muito interessantes que você pode aprender com os pássaros!

Capítulo 6 — Produtividade Criativa — O Poder do Volume e da Velocidade

Sua produtividade criativa — o número ou fluência de idéias que você pode gerar num determinado tempo — é um fator fundamental na Inteligência Criativa. Neste capítulo, vou mostrar como você pode aumentar a sua produtividade adotando os métodos usados pelos grandes gênios criativos.

Capítulo 7 — Flexibilidade e Originalidade Criativas

O principal motivo por que as pessoas ficam presas em sua busca da criatividade é que foram ensinadas a pensar de uma única forma básica, o que acaba se tornando um buraco do qual é difícil sair. Neste capítulo, vou lhe mostrar várias técnicas para ver com 'novos olhos' — para ver as coisas de ângulos diferentes e de pontos de vista diversos; técnicas que todos os grandes gênios do pensamento criativo usaram para gerar as idéias que transformaram o mundo.

Quantas vezes você ouve as pessoas dizerem de um grande gênio criativo que ele é 'o único no seu gênero'; 'fora do comum'; 'excepcional'; 'incomparável'? Essa singularidade é a essência do pensamento criativo. Demonstrarei que você já é muito mais singular do que imagina e lhe indicarei meios de desenvolver a sua originalidade, a qual surpreenderá tanto a você como aos seus amigos.

Capítulo 8 — O seu Cérebro: A 'Máquina de Associação' Perfeita — Pensamento Expansivo e Radiante

A Inteligência Criativa se baseia na sua capacidade de fazer associações entre diferentes pensamentos e idéias. A pessoa mediana faz *muito* menos associações do que é possível. Neste capítulo, guiá-lo-ei através de um fascinante jogo de associações; à medida que o jogo prosseguir, você perceberá sempre novas maneiras de desenvolver os seus poderes de associação e descobrirá algo surpreendente sobre a capacidade do seu cérebro de estabelecer relações.

Capítulo 9 — Você e Shakespeare — Ambos Poetas!

Para muitas pessoas, a poesia, assim como a pintura e a música, é uma 'arte especial' vista como um privilégio precioso que apenas umas poucas pessoas bem-aventuradas têm. Essa é uma crença romântica e falsa. *Você* é um poeta!

No Capítulo 9, eu o levarei de volta à sua alma poética, mostrando como você pode aplicar todas as lições que aprendeu ao longo de *O Poder da Inteligência Criativa* para produzir a sua própria poesia.

Capítulo 10 — Apenas Brincando

Por que as crianças aprendem melhor e mais rapidamente? Por que as crianças são consideradas mais criativas do que os adultos? Por que tantos grandes artistas (como Picasso, por exemplo) tentam 'recuperar' a criatividade de sua infância?

Neste capítulo, responderei a todas essas perguntas e lhe mostrarei como redescobrir a criança e o gênio criativo que existem dentro de você.

■ ■ ■

Ao longo de todo *O Poder da Inteligência Criativa,* você terá outro guia muito especial: Leonardo da Vinci — eleito o maior Gênio Criativo do último milênio!

como usar os seus cérebros mágicos esquerdo e direito

capítulo dois

Neste capítulo, você receberá algumas das informações mais recentes sobre os cérebros esquerdo e direito e orientações de como reunir as forças dos dois lados do cérebro para multiplicar, fenomenalmente, o seu Poder Criativo.

Faremos um vôo supersônico pelos últimos cinqüenta anos de pesquisas sobre o cérebro. A viagem começa no laboratório do Professor Roger Sperry, na Califórnia, e descreve a pesquisa que o tornou merecedor do Prêmio Nobel em 1981; essa descrição ajudá-lo-á a tomar consciência das suas capacidades criativas ocultas, que estão esperando para vir à luz.

Nas décadas de 50 e 60, o Professor Sperry pesquisava a função das ondas cerebrais. Para estudar as diferentes atividades do pensamento e seus efeitos sobre as ondas cerebrais, Sperry e seus colegas pediram aos voluntários que realizassem tarefas mentais variadas, desde somar e subtrair números mentalmente, até ler poesia, recitar versos memorizados, rabiscar, olhar para cores diferentes, desenhar cubos, analisar problemas lógicos e devanear.

Sperry previra que as ondas cerebrais seriam um tanto diferentes de acordo com a atividade, e ele estava certo. O que ele *não* previra, porém, — e essa descoberta mudou para sempre o nosso modo de pensar sobre o potencial do cérebro humano e a capacidade do cérebro de pensar criativamente — foi a seguinte revelação surpreendente: em média, o cérebro dividia suas tarefas muito distintamente em atividades do 'cérebro esquerdo' (córtex esquerdo) e atividades do 'cérebro direito' (córtex direito). Esse estudo se tornou popularmente conhecido como pesquisa do 'cérebro esquerdo/direito'.

A principal divisão do trabalho foi a seguinte:

Cérebro esquerdo	**Cérebro direito**
Palavras	**Ritmo**
Lógica	**Consciência Espacial**
Números	**Dimensão**
Seqüência	**Imaginação**
Linearidade	**Devaneio**
Análise	**Cor**
Listas	**Consciência Holística**

Sperry também descobriu que, quando o córtex direito estava ativo, o esquerdo entrava num estado de relativo repouso ou de meditação. Do mesmo modo, quando o córtex esquerdo estava ativo, o direito ficava mais relaxado e calmo.

Ademais, e isso se tornou uma verdadeira surpresa (além de um sinal de esperança) *cada* cérebro envolvido nesse experimento demonstrava possuir todas as capacidades corticais em perfeita ordem de atuação. Ou seja, nos níveis físico, fisiológico e potencial básicos, *todos* tinham uma enorme variedade de capacidades intelectuais, de pensamento e criativas que obviamente estavam sendo usadas apenas parcialmente.

Na década de 70, esses resultados provocaram um verdadeiro surto de outras pesquisas, estudos e análises em torno da natureza deste potencial ainda desconhecido.

Uma linha de investigação (com a qual estive pessoalmente envolvido) consistia em sondar as pessoas a respeito do que pensavam sobre as próprias capacidades, e então comparar essas capacidades/incapacidades percebidas com suas reais capacidades medidas por meio das ondas cerebrais.

Na seqüência, um breve teste que você pode responder.

Auto-avaliação do Cérebro Esquerdo/Direito

Você acharia praticamente impossível (quase geneticamente impossível) calcular com rapidez e exatidão o juro da hipoteca que você ainda deve, por exemplo, ou a proporção da área do seu jardim com relação à área total do seu terreno? SIM/NÃO

Você acharia praticamente impossível desenhar retratos que se parecessem com a pessoa retratada, pintar paisagens, dominar dimensão e perspectiva, compreender a história da arte e fazer esculturas realistas e abstratas? SIM/NÃO

Você acharia praticamente impossível compor música e canções, identificar diferentes compositores clássicos apenas ouvindo algumas notas de suas composições, dançar no ritmo da música e cantar canções em que cada nota é emitida exatamente como deve ser produzida? SIM/NÃO

Você provavelmente ficará aliviado em saber que mais de 90 por cento das pessoas pesquisadas se consideraram *geneticamente* incapazes de fazer qualquer coisa nessas três áreas essenciais das capacidades numérica, artística e musical.

A esperança é que você se sinta feliz e animado em saber também que todas estavam *erradas!*

Pesquisas posteriores revelaram que, quando as pessoas eram treinadas — por bons professores — nas áreas em que haviam se achado deficientes, elas inesperadamente se tornavam mais fortes nessas áreas. Era mais ou menos como identificar um grupo de músculos que eram fracos não porque esses músculos fossem basicamente incapazes, mas simplesmente porque ficaram sem uso durante muito tempo.

Isso não foi tudo: além de todos serem capazes de desenvolver áreas que haviam anteriormente considerado fracas, outra descoberta surpreendente logo veio à tona. Com o novo 'músculo mental' agora em condições adequadas, todos os outros 'músculos mentais' começaram a melhorar o seu desempenho.

Assim, por exemplo, se as pessoas que se consideravam fracas em imaginação e arte eram treinadas nessa área, elas logo se tornavam mais hábeis com palavras, mais capazes de manipular números e, em geral, mais criativas. Igualmente, se pessoas com habilidades numéricas fracas eram treinadas para fortalecer essa área, a sua imaginação e habilidades musicais também melhoravam.

O que parecia acontecer era que os lados esquerdo e direito do cérebro estavam 'conversando' um com o outro. O lado esquerdo recebia a informação e a enviava para o cérebro direito, que então a processava à sua maneira e a devolvia ao cérebro esquerdo, e assim por diante. Por esse processo o cérebro acumulava informações sinergicamente e aumentava o seu poder intelectual e criativo pela combinação de diferentes elementos. No início da década de 80, o paradigma do cérebro esquerdo/direito estava se tornando conhecido em todo o mundo, e livros começavam a ser escritos sobre essa descoberta extraordinária.

Então vieram as dificuldades.

problema número 1

Você já deve ter ouvido dizer que as atividades do cérebro esquerdo eram geralmente rotuladas como 'intelectuais', 'acadêmicas' ou 'comerciais' e que as do direito eram classificadas como 'artísticas', 'criativas' e 'emocionais'.

Entretanto, se todas essas pesquisas são verdadeiras, e se o uso de ambos os lados do cérebro intensifica a nossa inteligência e criatividade, então, por definição, os grandes gênios criativos devem ter usado o mesmo processo mental — e todo o seu cérebro. Mas, se a classificação acima estiver correta, cientistas e intelectuais como Isaac Newton e Albert Einstein teriam sido 'cérebros esquerdos', e músicos e artistas como Beethoven e Michelangelo teriam sido 'cérebros direitos' — em outras palavras, eles não teriam usado o cérebro por inteiro!

Obviamente, eram necessárias mais pesquisas para esclarecer essa controvérsia que aumentava a cada dia. Eu e algumas outras pessoas curiosas começamos a coletar dados sobre os grandes gênios criativos e a relacioná-los com o modelo do cérebro esquerdo/direito.

O que você acha que descobrimos? Descobrimos *isto* sobre o Einstein classificado como 'cérebro esquerdo':

Biografias Notáveis — Albert Einstein

Albert Einstein foi eleito o maior gênio criativo do século XX. No entanto, ele foi um aluno medíocre, preferindo devanear a estudar, até ser expulso da escola por ser considerado uma 'influência perniciosa'.

Na adolescência, ele se entusiasmou com o aspecto imaginativo da matemática e da física, e também se interessou pela obra de Michelangelo, a quem estudou em profundidade. Esses interesses o estimularam a trabalhar ainda mais com a imaginação, e ele desenvolveu os hoje famosos 'Jogos Mentais Criativos': Einstein tomava uma questão complexa e então deixava a imaginação correr livre.

Num dos Jogos Mentais Criativos mais famosos, Einstein imaginou que estava na superfície do Sol, agarrando um raio de sol e viajando com ele, à velocidade da luz, até os confins do universo.

Ao chegar ao 'fim' da viagem, ele percebeu espantado que estava praticamente de volta ao ponto de partida, o que parecia logicamente impossível: não se pode seguir em linha reta indefinidamente e terminar onde se começou!

Então Einstein pegou outro raio imaginário em outra parte da superfície do Sol e novamente viajou em linha reta até os limites extremos do universo. Mais uma vez ele terminou relativamente perto de onde partira.

Aos poucos a verdade foi se revelando: a sua imaginação lhe desvelara mais verdades do que a sua lógica. Se você viaja em linha reta 'indefinidamente' e sempre volta às proximidades do ponto de partida, então 'indefinidamente' deve significar pelo menos duas coisas: curvo e com limites.

Foi assim que Einstein chegou a uma das suas descobertas mais profundas: o nosso universo é curvo e finito. Ele não chegou a esse feito criativo fantástico pensando apenas com o cérebro esquerdo, mas combinando o seu conhecimento de número, palavra, ordem, lógica e análise com a sua extraordinária imaginação, consciência espacial e capacidade de ver o quadro completo.

A descoberta de Einstein foi uma mistura e uma comunicação perfeitas entre os dois lados do cérebro. Foi uma realização criativa perfeita do 'cérebro inteiro'.

A mesma coisa aconteceu, mas em sentido inverso, com os gênios criativos movidos pelo cérebro direito. Tomemos como exemplo Ludwig van Beethoven, o gênio mais representativo da criatividade produzida pelo cérebro direito.

Biografias Notáveis — Ludwig van Beethoven

Beethoven é conhecido por seu espírito turbulento, questionador e apaixonado, por seu desejo de libertar-se da tirania e da censura e por sua luta incessante pela liberdade da expressão artística. Ele é geralmente considerado o modelo 'perfeito' do gênio selvagem e rebelde.

Tudo isso é verdade e corresponde bem à interpretação tradicional do gênio criativo dirigido pelo cérebro direito. Entretanto, o que escapou à atenção da maioria das pessoas é que Beethoven, como todos os outros músicos, também usava intensamente o cérebro esquerdo!

Pense um pouco sobre a natureza da música: ela é escrita em linhas, em seqüência; segue a sua própria lógica; e se baseia em números. A música é muitas vezes descrita como a mais pura forma de matemática que existe (e é interessante observar que muitos dos grandes matemáticos tinham a música como passatempo principal, e vice-versa).

Além de ser dotado de uma imaginação fértil e de um senso de ritmo muito forte, Beethoven também era meticuloso ao extremo. Ele foi o primeiro a usar o metrônomo musical, dizendo que o instrumento era uma dádiva que Deus lhe dera, porque daí em diante todo músico e regente teria condições de tocar sua música *precisamente* no ritmo correto, com *precisamente* a ênfase correta e *exatamente* no tempo matemático correto!

E como no caso de Einstein, Beethoven não usava só o cérebro direito ou só o esquerdo. Ele usava total e criativamente o *cérebro inteiro*.

As minhas pesquisas sobre os grandes gênios criativos confirmaram que todos usavam o 'cérebro inteiro' — o conjunto todo de suas capacidades corticais, nas quais cada capacidade suplementava e sustentava as outras.

Essas descobertas lançaram luz sobre o segundo grande problema das pesquisas e de suas hipóteses.

problema número 2

O segundo problema era maior. As atividades 'intelectuais' do cérebro esquerdo passaram a ser rotuladas como 'masculinas' e as do cérebro direito, 'criativas' e 'emocionais', como atividades 'femininas'. Isso era completa e perigosamente errado!

Esses rótulos simplesmente ampliavam e 'confirmavam' as crenças seculares de que:

- ciência, educação e intelectualidade envolviam apenas palavras, números e lógica, e não imaginação, cor e ritmo
- comércio e negócios eram um espaço para ordem estrita apenas
- os homens eram indivíduos lógicos e racionais, sem emoção, imaginação ou 'empolgação'

- as mulheres eram sonhadoras irracionais
- a emoção não se baseava em lógica associativa
- criatividade e arte não eram ocupações 'adequadas', e não eram respaldadas pela racionalidade ou pela ciência.

O trágico dessas idéias equivocadas, infelizmente ainda muito comuns nos dias atuais, mas que *O Poder da Inteligência Criativa* ajudará a dissipar, é que elas cegam a mente à verdade e por isso restringem o prazer, a experiência e a vida.

Infelizmente, esses equívocos predominam de modo especial na área da educação. Como acreditamos que a educação deve se caracterizar pelo 'cérebro esquerdo', rotulamos as crianças que têm energia, imaginação, empolgação, curiosidade ou que "vivem no mundo da lua", como agitadas, desordeiras, hiperativas, de raciocínio lento ou retardadas. Em vez disso, devíamos chamá-las de gênios criativos potenciais apenas começando a explorar a extensão de suas capacidades!

Do mesmo modo, muitas pessoas de negócios ficaram emperradas no sulco do 'cérebro-esquerdo', e como resultado estão destruindo não apenas a sinergia que advém da combinação das práticas de negócios do cérebro esquerdo com a imaginação e o talento, mas também suas reputações e lucros.

No contexto deste livro, leve em consideração também a imagem global do artista. Pesquisas mostram que a maioria das pessoas considera os artistas como desleixados, negligentes, desalinhados, fracos em lógica e memória, e que lhes faltam habilidade de estruturação e organização.

Lamentavelmente, milhões de estudantes de arte em todo o mundo tentam corresponder a essa visão 'ideal' do artista. O resultado é que eles rejeitam palavras, números, lógica, ordem e estrutura e criam apenas imagens efêmeras na mente.

o pensar com o cérebro direito/esquerdo no século XXI

Neste início do Século do Cérebro, começamos a entender que o *cérebro criativo é o cérebro inteiro.* Além disso, compreendemos que o nosso conhecimento anterior dos equívocos de rotulação nos levou a perceber que o nosso potencial criativo é ainda maior do que pensávamos.

Uma simples pergunta e uma comparação deixarão isso claro.

Se estivemos usando apenas metade das capacidades do cérebro, em que percentual de eficiência estivemos operando?

A resposta imediata seria cinqüenta por cento. Isso indica que estivemos sendo seres apenas meio-inteligentes! Mas mesmo essa avaliação é superestimada, como mostra um exemplo muito simples.

Vamos supor que eu quisesse avaliar a sua eficiência como corredor e na prova 1 lhe permitisse usar 100 por cento do seu corpo, incluindo braços e pernas. Qual seria o seu desempenho se eu filmasse a sua corrida e a analisasse com vistas a obter uma maior eficiência mecânica? Quase todos nós alcançaríamos uma pontuação bastante elevada.

Imagine agora que na prova 2 eu lhe permitisse usar apenas cinqüenta por cento do seu potencial e amarrasse a sua mão e o seu pé direitos nas suas costas. O que aconteceria? Você se estatelaria no chão em poucos segundos! Eficiência? Menor que zero.

Por quê? Porque as partes do seu corpo são feitas para trabalhar *juntas,* e assim fazendo cada uma multiplica por mil a eficiência da outra.

O mesmo acontece com o seu cérebro. *Quando você usa apenas um lado das suas capacidades corticais, a sua criatividade não significa nada em comparação com o que ela pode ser. Quando você usa os dois lados, o seu potencial criativo se torna infinito.*

No Exercício de Criatividade a seguir, e nos capítulos restantes, estudarei com você métodos que liberam esse potencial criativo infinito.

exercício de criatividade

1 Use Todas as Capacidades do Cérebro Inteiro para Examinar a sua Vida

Observe quanto do seu cérebro esquerdo você normalmente usa e cultiva. Depois faça o mesmo com as capacidades do cérebro direito. Preste atenção a possíveis áreas do cérebro direito ou esquerdo que você esteja negligenciando e passe a exercitá-las e fortalecê-las imediatamente.

2 Educação

Se você tiver filhos, aplique o pensamento do cérebro inteiro à educação integral deles, inclusive a escolar, a social e a familiar. Procure ajudar os seus filhos a ter uma educação equilibrada para que possam viver vidas mais criativas e realizadas.

Mas não só isso — aplique os mesmos princípios ao seu *próprio* aprendizado, que deve ser continuado e durar a vida toda, de modo que *você* também possa viver uma vida mais criativa e realizada.

3 Faça Pausas Regulares

Surpreendentemente, se você pretende ser plena e verdadeiramente criativo, o pensamento de cérebro inteiro exige que você faça pausas e paradas regulares.

Pense nisso: onde você está quando tem explosões de imaginação, soluções para problemas, grandes fantasias e devaneios? As respostas da maioria das pessoas incluem algumas ou todas as seguintes:

- no banho
- no chuveiro
- caminhando no campo
- antes de pegar no sono

- enquanto dormia
- logo ao acordar
- enquanto ouvia música
- fazendo uma viagem longa
- enquanto corria
- enquanto nadava
- deitado na praia
- quando rabiscava algo despreocupadamente

Em que estado estão o seu corpo e a sua mente nessas ocasiões? Relaxados, e você normalmente sozinho.

É nesses períodos de descanso que os dois lados do cérebro podem conversar e se comunicar um com o outro, e quando o vasto manancial de sua criatividade pode se expressar.

Se você não decidir conscientemente fazer essas pausas, o seu cérebro decidirá por você. Muitas pessoas que 'trabalham duro' (mas não 'com inteligência') dizem que, com o passar dos anos, elas ficam mais estressadas e a concentração começa a dissipar-se. Isso na verdade é uma coisa boa, porque é o cérebro direito delas insistindo que um pouco de imaginação e fantasia é necessário para equilibrar uma situação de desequilíbrio.

Se você está nessa situação e continua a persistir em forçar um estilo orientado pelo cérebro esquerdo, o seu cérebro o forçará a outros tipos de parada, que variam desde perdas de concentração a pequenos esgotamentos em que fica irascível sem motivo, até grandes explosões em que a única cura é... descansar e relaxar!

Faça isso conscientemente. Dê uma pausa ao seu cérebro e a você mesmo. A sua Inteligência Criativa vai amá-lo por isso.

4 Faça Longas Caminhadas

Os romanos tinham uma frase especial, *solvitas perambulum,* que pode ser traduzida mais ou menos como 'resolva enquanto caminha'. O que eles haviam percebido, embora obviamente não em termos de cérebro esquerdo/direito, era que, se você leva o seu cérebro para uma caminhada, especialmente se for no campo, o ritmo constante do movimento dos membros, o ritmo regular do coração bombeando mais fortemente, doses de sangue oxigenado fluindo para o cérebro e a festa que os seus olhos, ouvidos e os outros sentidos vivem enquanto você caminha contribuem para o pensamento criativo e a solução de problemas.

Se você tem uma tarefa ou um problema relacionado com a criatividade, facilite a solução caminhando.

5 Seja Criativo no Dia-a-dia

Na página seguinte, relacione as áreas de sua vida diária que você considera criativas e as que não são criativas. Quando terminar, leia-as.

Criativas

Ler

Ensinar meus filhos

Yoga

Não-Criativas

Ver TV

Caminhar

Molhar plantas

Estudar

Cuidar de casa e filhos

A resposta ideal para o exercício ao lado é que *todos* os aspectos da sua vida diária sejam intrinsecamente criativos e que todos possam ser aprimorados recebendo maior estímulo de todo o conjunto das habilidades do cérebro esquerdo/direito. Veja as seguintes atividades diárias; todas dependem da Criatividade:

- cozinhar
- decorar a casa
- Fazer reparos e melhorias na casa
- fotografia
- jardinagem
- localização de estradas e leitura de mapas
- carpintaria
- arranjos florais
- orçamento de eventos especiais/despesas
- relacionamentos
- embalagem para presentes
- escrever cartas e mensagens
- arrumar a mesa
- cultivar plantas caseiras
- cuidar de animais de estimação e treiná-los
- planejar férias e eventos especiais
- planejar encontros
- jogar futebol e outros esportes

Cada uma dessas atividades pode se tornar mais interessante e criativa com o acréscimo dos 'temperos' das capacidades do cérebro esquerdo e direito.

Nesse cenário criativo, pouco pode significar muito. Juntar conchas e restos de madeira e vegetação numa praia e usá-los em casa em arranjos e decorações; fazer colchas com retalhos e outros materiais sem utilidade; decorar a mesa de jantar colocando uma flor no prato de cada pessoa e usar as conchas encontradas na praia para servir o sal e a pimenta; descobrir caminhos alternativos para ir ao trabalho; tudo isso são coisas que exigem pouco esforço e que acrescentam muito ao senso criativo da sua vida.

Especialmente os períodos de férias e as celebrações sazonais são oportunidades extraordinárias para manifestar a sua Inteligência Criativa. Torne-a uma Grande Festa com decorações, beleza e humor visual. Crie os seus próprios cartões e presentes para oferecer às pessoas ou planeje um jantar para os seus amigos — as possibilidades são infinitas!

6 O seu Grupo Mentor

Todos os grandes gênios criativos tinham heróis ou heroínas em quem buscavam inspiração. O tutor de Alexandre Magno foi Aristóteles; Júlio César teve como modelo Alexandre Magno; todos os grandes gênios da Renascença italiana seguiram os exemplos da antiguidade clássica; a Imperatriz da Rússia, Catarina, a Grande, buscava inspiração em Pedro, o Grande; Mohammed Ali procurava imitar Sugar Ray Robinson; Isaac Newton recorria a Sócrates; Stephen Hawking segue Isaac Newton, e assim por diante, em todo o panteão de gênios.

A técnica usada pelos grandes gênios criativos era manter conversas imaginárias com os seus heróis, pedindo-lhes 'pensamentos' e inspiração. Você pode usar essa técnica de Pensamento Criativo para alcançar objetivos científicos e culturais de grande impacto, mas todos também podemos aplicá-la em nossa vida diária.

Para mim, pessoalmente, essa técnica tem sido excepcionalmente valiosa em minha vida e venho adotando-a com sucesso há mais de vinte anos. Ela me possibilitou ser especialmente criativo sempre que me deparei com alguma oportunidade ou problema maior. Eu a aplico do seguinte modo: quando me vejo numa situação que precisa da ajuda do meu Grupo Mentor de heróis e heroínas, escolho os mais apropriados para a situação e imagino que conselho me dariam para tirar o máximo proveito dessa circunstância. Escolho os meus heróis e heroínas com base em suas qualidades criativas singulares, em sua energia e em seu enorme sucesso, sabendo que tudo isso servirá de 'alimento' para mim e para os processos do meu próprio Pensamento Criativo.

Os membros do meu Grupo Mentor, a quem peço ajuda regularmente, são:

- Leonardo da Vinci, nosso guia em originalidade, por sua criatividade e inventividade ilimitadas.
- Rainha Elizabeth I, por sua habilidade em superar grandes obstáculos, por ser flexível e ao mesmo tempo determinada e por aprender com uma rapidez incrível.
- Buda, por sua profunda pesquisa do eu e por sua capacidade de suportar grandes sofrimentos e privações.
- Mohammed Ali, por sua surpreendente originalidade e criatividade, combinadas com sua capacidade de representar e defender um grupo minoritário.
- Morihei Ueshiba, criador da arte marcial japonesa do Aikidô. Nessa arte, o aluno aprende a transformar toda violência em tranqüilidade, mantendo-se porém inabalável.
- As pessoas a quem dediquei *O Poder da Inteligência Criativa,* que são o meu Grupo Mentor vivo!

Enquanto lê *O Poder da Inteligência Criativa,* escolha quatro ou cinco grandes personagens da história para compor o seu próprio 'Grupo Mentor'. Complemente esse grupo com membros da sua família e amigos, cujo poder de pensamento, análise e criatividade você admira e respeita de modo especial. Sempre que se deparar com uma determinada situação ou problema, mantenha uma conversa imaginária com cada um dos seus gênios internos e imagine as respostas e conselhos que eles lhe dariam nessa ocasião. Você ficará surpreso (e algumas vezes espantado) com a excelência dos resultados.

7 Jogue os Jogos de Imaginação Criativa de Einstein

Diária ou semanalmente, dedique-se a um Jogo de Imaginação Criativa de Einstein. Vimos como Einstein se fazia uma pergunta interessante — 'Como seria viajar num raio de sol até os confins do universo?' Ou, 'Se eu me afastasse de alguém à velocidade da luz, eu ficaria invisível?' Ou, 'A luz se curva? Em caso afirmativo, como sei onde está a coisa que estou vendo?' Ele então deixava a imaginação livre com todas as soluções possíveis, por mais bizarras ou malucas que parecessem. Faça isso com uma de suas áreas de interesse e veja que respostas criativas você produz.

8 Ênfase no cérebro DIREITO

Como nossas escolas, profissão e cultura tendem a ressaltar as capacidades corticais esquerdas, veja especialmente como você pode integrar as capacidades do cérebro direito. Pense em três maneiras de introduzir cada capacidade do cérebro direito em seu trabalho e em sua vida de todos os dias — sua vida se tornará mais agradável e também mais eficiente.

9 Use os Dois Lados do Corpo

Usando os dois lados do corpo, você usará os *dois* lados do cérebro. Aprenda malabarismo ou use a mão não-dominante em atividades diárias, como pentear o cabelo, escovar os dentes, digitar o telefone, tirar uma panela do fogão, escrever, etc. Tente também comer usando os talheres 'de modo errado'!

10 Faça Anotações de 'Conversas do Cérebro' em Mapas Mentais Multicoloridos

As anotações são um modo especial que o cérebro tem de se comunicar consigo mesmo. Ele tem muito mais facilidade de trabalhar sobre pensamentos criativos, problemas e lembranças fazendo anotações externas do que conservando-os 'no ar' dentro dele mesmo — apenas tente calcular uma longa divisão em sua mente sem a ajuda de papel e caneta.

Ao fazer anotações, envolva os dois cérebros, o direito e o esquerdo, e torne suas notas atraentes acrescentando cores, imagens, dimensões espaciais e ritmos visuais. Essa técnica de tomar notas é chamada de Mapa Mental, e será desenvolvida em maior profundidade no próximo capítulo.

criatividade infinita –
mapeando a sua mente com Mapas Mentais

capítulo três

Libertando a Mente da Prisão da 'Não-Criatividade'

Talvez você não saiba, mas é de pelo menos 99 por cento a possibilidade de que o seu cérebro tenha ficado confinado a uma prisão de 'não-criatividade' desde que você começou a freqüentar a escola até o momento em que lê estas palavras.

Como isso pode ser verdade?

Observe e veja. Pergunte-se simplesmente como o seu cérebro torna os pensamentos visíveis — em outras palavras, de que modo você toma notas?

Numa dessas formas?

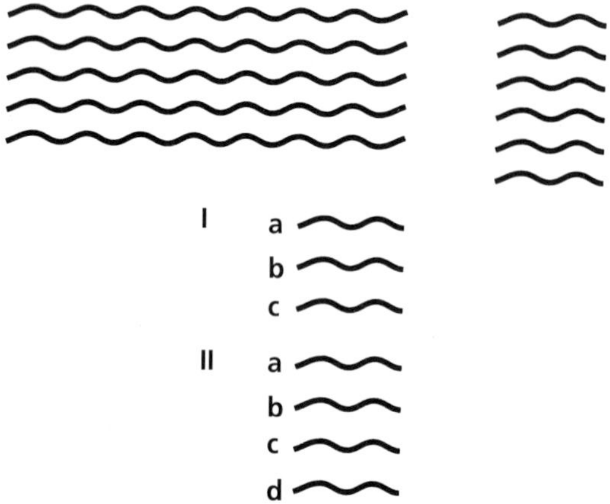

Estilos tradicionais de se tomar notas

Se você pertence aos mais de 99 por cento da população mundial que mencionei acima, é assim que você toma notas: usa palavras que em geral formam sentenças ou frases; faz uma lista de coisas; em formas 'avançadas' de anotar, talvez você use números e letras para organizar os pensamentos; anota na ordem linear em que as informações são apresentadas, seja pelo livro ou pelo palestrante; escreve em linhas retas e usa uma caneta ou lápis azul, preto ou cinza para registrar os conteúdos.

A maneira como estivemos tomando notas nos últimos séculos poderia ser a razão pela qual muitos de nós temos a sensação de que não somos tão criativos como de algum modo sabemos que na verdade somos? E poderia também ser este o motivo por que o mundo em geral quase sempre compreende de modo equivocado a natureza da Criatividade, ao mesmo tempo que se queixa da falta dela?

Aprofundemos a questão um pouco mais.

Primeiro, vejamos as cores azul, preta e cinza com as quais normalmente tomamos notas. Usamos essas cores porque fomos *ensinados* a usá-las (na minha escola, éramos ensinados não somente a usar uma cor — azul/preto — mas também a usar um único tipo de tinta! Um aluno que fosse apanhado infringindo essa ordem rígida podia receber 25 *linhas* de tarefa de casa extra!)

Como o seu cérebro se sente com relação a tudo isso?

Para o seu cérebro, azul, preto ou cinza é uma única (mono) cor (chroma). Isso significa que as ondas de luz que bombardeiam os seus olhos a partir daquela cor são todas idênticas. Para o seu cérebro, portanto, uma única cor azul, preta ou cinza é um mono (único) tom de informação.

Que palavra obtemos ao reunir os conceitos de 'mono' e de 'tom'? *'Monotom'*. E se uma coisa é um 'monotom', nós a descrevemos como *monótona!* E que palavra usamos normalmente para descrever algo que é monótono? CHATO!

O que o *seu* cérebro faz quando uma coisa é chata? A maioria das pessoas responde com uma das alternativas seguintes:

- sai de sintonia
- desliga
- apaga
- esmorece
- devaneia
- vagueia
- adormece

Assim o método atual desenvolvido para liberar o poder produtivo do planeta está na verdade levando mentes criativas à distração e fazendo-as adormecer!

E não só isso: a nacionalidade a que você pertence e a língua que você fala têm pouca importância neste contexto. Se você escreve em português, inglês, italiano, alemão, espanhol ou russo, as suas maçantes linhas vão da esquerda para a direita. Se você se comunica em hebraico ou árabe, as suas maçantes linhas vão da direita para a esquerda! Se você usa o chinês mandarim, as suas maçantes linhas sobem e descem! É indiferente para o cérebro em que ângulo de 90 graus ele adormece — ele pode cair no sono em todos eles!

Por que acontece isso?

Pense nas ferramentas que o seu cérebro utiliza normalmente para tomar notas: palavras, listas, números, ordem, seqüência, letras — as capacidades mentais do 'cérebro esquerdo'.

Até aí tudo bem.

No espaço abaixo, escreva as capacidades do 'cérebro direito' que são usadas.

É isso mesmo — o motivo de eu não ter deixado nenhum espaço para escrever é que a resposta é 'nenhuma'! Não há imagens, códigos, cores, dimensões, 'quadro completo', nenhum ritmo visual e nenhuma consciência espacial.

Em outras palavras, os nossos métodos tradicionais de tomar notas fazem apenas metade do trabalho. De novo, é claro que usando apenas a metade das nossas capacidades, e a exemplo do corredor com uma perna e um braço atados, estivemos operando com uma extraordinária falta de eficiência.

As linhas em que estivemos escrevendo são as grades da prisão que mantêm prisioneiros os nossos cérebros fantasticamente criativos.

Vejamos o que acontece quando damos ao cérebro condições de tornar os pensamentos visíveis de forma compatível com o modo como ele realmente pensa — e agora você já sabe que não é em linhas retas!

pensamento radiante e prova do seu infinito potencial criativo

Diferentemente do computador, o seu cérebro não trabalha de forma linear e seqüencial: ele pensa de modo *radiante* e *explosivo*, como mostra o diagrama seguinte:

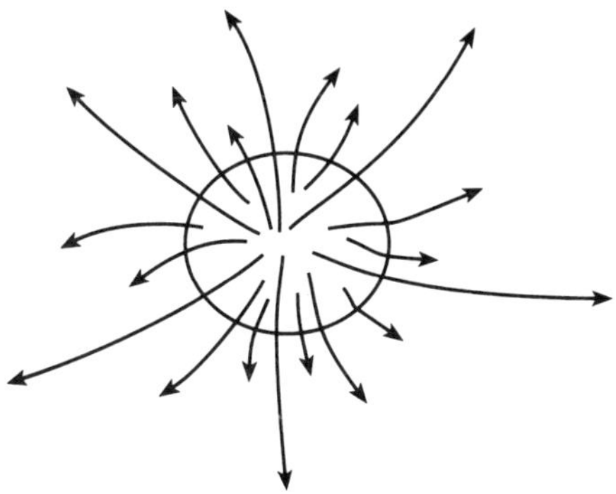

Pensamento radiante e explosivo

Para verificar como o pensamento radiante trabalha, faça o seguinte Jogo de Pensamento Radiante e Criativo; ele mudará para sempre o seu modo de pensar sobre a maneira como você pensa!

Você tem abaixo a palavra 'DIVERSÃO' ocupando o centro de um círculo. Cinco ramos irradiam do círculo, e de cada um deles, à semelhança de uma árvore ou do delta de um rio, derivam outros cinco ramos.

O jogo consiste no seguinte: nos cinco ramos centrais, escreva as cinco primeiras palavras que lhe vierem à mente — uma em cada ramo, sejam elas quais forem — ao pensar sobre a idéia 'DIVERSÃO'. Feito isso, passe para os cinco ramos seguintes e escreva rapidamente, em cada uma das cinco linhas, as cinco palavras que primeiro lhe vierem à cabeça ao pensar na palavra-chave do ramo principal (novamente, uma palavra em cada ramo). Depois de preencher as cinco primeiras palavras-chave e os respectivos ramos, prossiga com a leitura.

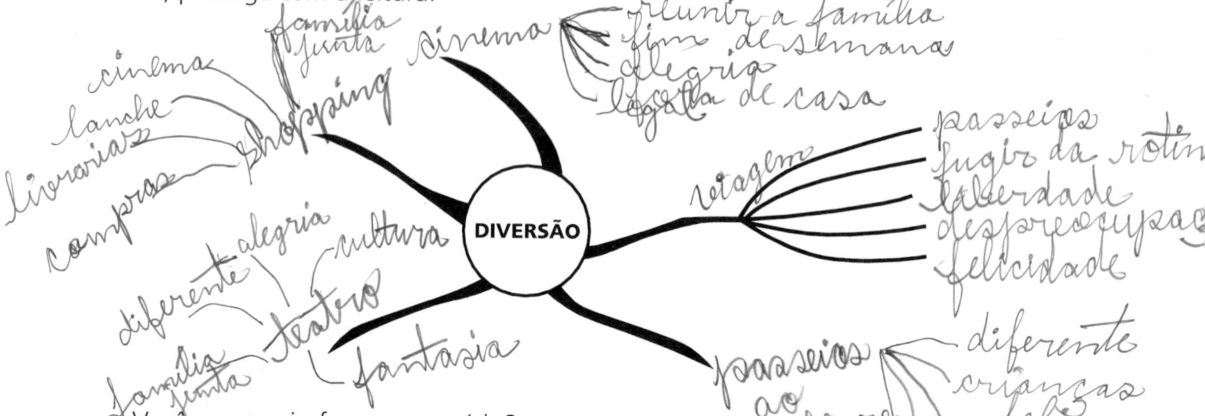

Você conseguiu fazer o exercício?

Claro que conseguiu!

Foi simples?

Sem dúvida!

Ele faz mais sentido do que pode parecer à primeira vista?

Pode apostar que sim!

Pense nisso. O que o seu cérebro acabou de fazer é algo bastante profundo. Você tomou um conceito único, 'DIVERSÃO', e irradiou dele cinco idéias-chave. Assim você multiplicou o seu primeiro produto criativo por cinco — o que significa 500 por cento de aumento em sua criatividade.

Em seguida, você tomou as suas cinco novas idéias, recém-criadas, e de cada uma criou mais cinco idéias novas. Outro aumento quintuplicado ou de 500 por cento! Em poucos instantes, você começou com uma idéia e criou outras trinta idéias novas.

Agora, pergunte-se: 'Eu poderia criar outras cinco palavras/idéias a partir de cada uma das 25 palavras que derivam das cinco originais?' Claro que poderia! São outras 125 idéias criadas!

Você poderia acrescentar outras cinco a cada uma dessas? Outra vez, sem dúvida nenhuma — outras 625 idéias! *Isso significa 6.250 por cento mais idéias do que quando começou!*

Você poderia continuar até um nível seguinte? E a outro? E a mais um, e assim por diante?

Sim, poderia!

E durante quanto tempo?

Indefinidamente!

Gerando quantas idéias?

Um número infinito!

Parabéns! Aplicando uma técnica básica do Mapa Mental, você acabou de demonstrar que o seu potencial criativo é infinito.

Mas as boas notícias não param por aí!

No Jogo de Pensamento Radiante e Criativo que acabou de completar, você ainda usou predominantemente o cérebro esquerdo. Suponha que as qualidades mágicas do cérebro direito fossem acrescentadas à sua já comprovada capacidade infinita de Pensamento Criativo. O que aconteceria se à forma básica do Mapa Mental você acrescentasse cores, ritmo visual, imagens, figuras, códigos, dimensões e arranjos espaciais diversos? Você voltaria a ser o corredor de corpo inteiro, multiplicando as suas capacidades sinergicamente. Você acrescentaria força, cor e dimensão extras ao que você já sabe que é uma capacidade criativa infinita.

Mapas Mentais criativos

Você já elaborou um Mapa Mental básico no jogo 'DIVERSÃO'. Criar um Mapa Mental Criativo completo é simples, fácil e divertido:

1. **Comece no CENTRO de uma folha de papel em branco na posição 'paisagem'.** Por quê? Para dar ao seu cérebro a liberdade criativa radiante de expandir-se em todas as direções.
2. **Use uma imagem como idéia central.** Por quê? Porque uma imagem vale por mil palavras para o seu poder criativo, e ela tanto agradará os olhos como manterá a atenção focalizada.
3. **Use cores o tempo todo.** Por quê? Porque a cor estimula o Pensamento Criativo, ajuda a distinguir áreas do pensamento criativo, estimula os centros visuais do cérebro e prende a atenção e o interesse dos olhos.
4. **Conecte os ramos principais à imagem central** e una os ramos do segundo e do terceiro níveis aos do primeiro e do segundo níveis, etc. Por quê? Porque o cérebro trabalha por associação (ver Capítulo 8), e se os ramos estão ligados no papel, as idéias se associarão na sua cabeça e emitirão mais pensamentos criativos. Esse procedimento também cria e sustenta a estrutura básica, do mesmo modo que o esqueleto, os músculos e o tecido conectivo mantêm o seu corpo estruturado.
5. **Desenhe os ramos em linhas curvas em vez de linhas retas.** Por quê? Porque um Mapa Mental Criativo com linhas retas é *maçante* para os olhos! O cérebro é sempre mais atraído pelas linhas curvas que existem na natureza.
6. **Use uma só palavra por linha.** Por quê? Porque, como você agora sabe pelo exercício 'DIVERSÃO', cada palavra ou imagem única gera o seu próprio grande conjunto de pensamentos criativos. Com palavras únicas, fica mais fácil irradiar novos pensamentos. Frases ou sentenças tendem a bloquear esse efeito 'explosivo'. (Dê uma olhada nos Mapas Mentais na seção de ilustrações.)

7. **Use imagens em todo o processo.** Por quê? Porque imagens e símbolos são fáceis de lembrar e estimulam associações novas e criativas.

Agora você sabe elaborar e usar a mais poderosa ferramenta do Pensamento Criativo conhecida pela humanidade — o Mapa Mental.

Michael Michalko, em seu bestseller *Cracking Creativity*, descreve os Mapas Mentais como 'a alternativa do cérebro inteiro ao pensamento linear'. Ele vê muitas vantagens no uso dos Mapas Mentais, entre as quais:

Um Mapa Mental:

'Ativa o cérebro todo.'

'Livra a mente da confusão mental'.

'Focaliza a mente no assunto'.

'Permite que você organize o assunto com detalhes.'

'Revela as conexões existentes entre porções isoladas de informação.'

'Oferece-lhe uma imagem clara tanto dos detalhes como do quadro geral'.

'Oferece-lhe uma representação gráfica do que você sabe sobre o assunto, permitindo-lhe identificar facilmente as lacunas em sua informação'.

'Permite-lhe agrupar e reagrupar conceitos, estimulando comparações.'

'Mantém o seu pensamento ativo e o aproxima passo a passo da resposta final ao solucionar um problema.'

'Exige que você se concentre no seu tema, o que ajuda a obter informações sobre ele, transferidas da memória de curta duração para a memória de longa duração.'

'Expande-se em todas as direções e apanha pensamentos de todos os ângulos.'

os grandes gênios e as anotações

Quando começar a fazer Mapas Mentais, você passará a fazer parte do panteão dos grandes gênios que aplicaram os principais elementos orientadores do Mapa Mental para dar visibilidade aos seus pensamentos e assim ajudar a si mesmos e aos outros a dar grandes saltos criativos em suas disciplinas. Esses gênios incluem Leonardo da Vinci, eleito 'O Cérebro do Último Milênio'; Michelangelo, o grande escultor e artista; Charles Darwin, o grande biólogo; *Sir* Isaac Newton, descobridor das leis da gravidade; Albert Einstein, que descobriu as leis da relatividade; *Sir* Winston Churchill, o renomado líder político e escritor; Pablo Picasso, que mudou a face da arte do século XX; William Blake, o visionário, artista e poeta inglês; Thomas Edison, o inventor da lâmpada elétrica; Galileu, que revelou os segredos do universo com as suas observações astronômicas; Thomas Jefferson, homem de grande saber e erudição e arquiteto da Constituição americana; Richard Feynman, cientista ganhador do Prêmio Nobel; Marie Curie, química e radiologista, duas vezes ganhadora do Prêmio Nobel; Martha Graham, grande dançarina e coreógrafa; e Ted Hughes, poeta inglês já falecido, considerado o maior poeta do século XX.

Você está em boa companhia! De fato, são muitos os que acreditam que toda a Renascença italiana foi em grande parte produzida por grandes gênios criativos que se livraram da prisão do pensamento linear. Eles deram visibilidade a seus pensamentos e idéias não apenas com linhas e palavras, mas de modo especial com o uso da igualmente e muitas vezes mais forte linguagem das imagens, desenhos, diagramas, códigos, símbolos, gráficos, etc.

Biografias Notáveis — Leonardo da Vinci

Para um exemplo perfeito de um grande gênio criativo que usou a linguagem da visão para gerar milhares de idéias inovadoras e brilhantes, basta que você dê uma rápida olhada nos cadernos de anotações de Leonardo da Vinci. Leonardo usou

imagens, diagramas, símbolos e ilustrações como a forma mais pura para fixar no papel as idéias que proliferavam em seu cérebro.

A essência dos cadernos de Leonardo, que, pelas manifestações do gênio criativo absoluto que contêm, estão entre os livros mais valiosos do mundo, está em seus desenhos. Esses desenhos ajudaram Leonardo a orientar o seu pensamento para campos tão distintos como a arte, a fisiologia, a engenharia, a aquanáutica e a biologia. Para ele, a linguagem das palavras ocupava um lugar secundário com relação à linguagem das imagens, e era usada para rotular, indicar ou descrever os seus pensamentos e descobertas criativos — a ferramenta essencial do seu Pensamento Criativo era a linguagem das *imagens*.

Biografias Notáveis — Galileu Galilei

Galileu foi outro dos grandes gênios do pensamento criativo do mundo que, no final do século XVI e início do XVII, ajudou a revolucionar a ciência com a aplicação de técnicas pessoais de anotação. Enquanto os seus contemporâneos usavam métodos verbais e matemáticos tradicionais para analisar problemas científicos, Galileu tornou os seus pensamentos visíveis, como Leonardo, com a ajuda de ilustrações e diagramas.

Curiosamente, Galileu, como Leonardo, deixava-se levar pela imaginação e pela fantasia. Segundo a agora famosa 'Lenda da Lâmpada', Galileu estava despreocupadamente observando o lento movimento das lâmpadas penduradas na catedral de Pisa, quando teve uma inspiração, um estalo, uma experiência de 'Heureca'. Ele percebeu que, qualquer que fosse a amplitude do movimento da lâmpada, o tempo para completar uma oscilação era sempre o mesmo. Galileu transformou essa observação de 'isocronismo' em sua Lei do Pêndulo, aplicando-a à indicação das horas e ao desenvolvimento do relógio de pêndulo.

Biografias Notáveis — Richard Feynman

Richard Feynman, ganhador do Prêmio Nobel de Física, percebeu ainda jovem que a imaginação e a visualização constituíam o componente mais essencial do processo do Pensamento Criativo. Assim, ele brincava com jogos de imaginação e aprendeu sozinho a desenhar. Como Galileu, Feynman afastou-se dos seus contemporâneos, habituados a métodos mais tradicionais de anotação, e decidiu recompor toda a teoria da eletrodinâmica quântica em nova forma visual e diagramática. Com isso ele desenvolveu os atualmente famosos diagramas de Feynman — representações pictóricas da interação de partículas, hoje usadas por estudantes de todo o mundo para compreender, lembrar e criar idéias nos campos da física e da ciência em geral.

Feynnam tinha tanto orgulho dos seus diagramas que os pintava em seu carro!

Biografias Notáveis — Albert Einstein

Albert Einstein, o Cérebro do século XX, também rejeitava as formas lineares, numéricas e verbais tradicionais do Pensamento Criativo. Como Leonardo e Galileu antes dele, Einstein acreditava que essas ferramentas eram úteis mas não necessárias, e que a imaginação era muito mais importante. Na verdade, foi Einstein quem afirmou que 'a imaginação é mais importante que o conhecimento, porque a imaginação não tem limites.' De fato, numa carta ao seu amigo Maurice Solovine, ele explicou a sua dificuldade em utilizar palavras para expressar a sua filosofia da ciência, porque ele não pensava com essa forma de expressão, mas com diagramas e esquemas.

> **Biografias Notáveis — Charles Darwin**
>
> Darwin era especialista em usar Mapas Mentais! No processo de desenvolvimento da sua Teoria da Evolução, Darwin tinha diante de si uma tarefa colossal: ele precisava explorar a maior extensão possível do mundo natural; classificar cada uma das espécies e suas relações entre si; explicar as regularidades e 'irregularidades' na natureza; demonstrar a natureza explosiva e multiplicativa do crescimento e da diversidade. Como ele fez isso? Com Mapas Mentais básicos!
>
> Darwin inventou uma forma de anotação, um Mapa Mental básico muito parecido com uma árvore, quase idêntico ao do exercício 'DIVERSÃO' da página 48. Ele usava essas formas de Mapas Mentais básicos como o único modo eficaz para coletar grandes quantidades de dados, para organizá-los, para ver as relações existentes entre os vários elementos e para criar novas idéias a partir deles. Consta que num prazo de quinze meses a partir do desenho do seu primeiro diagrama 'Mapa Mental' em forma de árvore, Darwin havia definido todos os principais componentes da Teoria da Evolução.

De posse do novo conhecimento do Pensamento Criativo com o Mapa Mental, você agora está preparado para um Exercício de Criatividade.

exercício de criatividade

1 Faça Anotações com Cores

Use sempre cores em suas anotações. Comece com uma caneta esferográfica de quatro cores e acrescente novas cores à medida que progredir. As cores tornam as suas notas mais interessantes, estimulam os processos do Pensamento Criativo e acrescentam, literalmente, cores à sua vida!

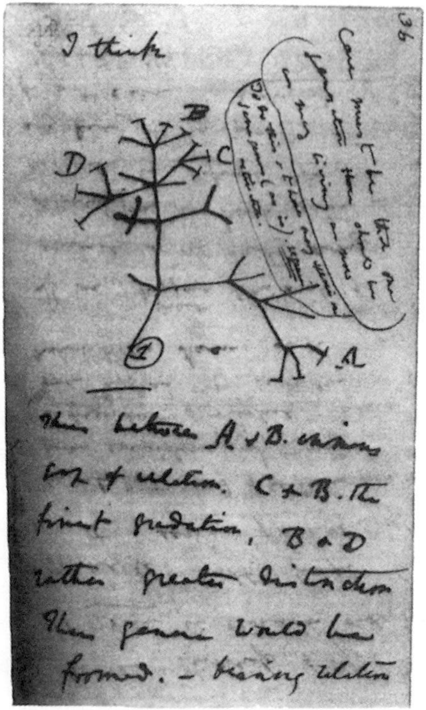

Método de anotação de Darwin

2 Sonhe Acordado e Dormindo!

Sonhar acordado e dormindo fortalece os seus Músculos Criativos visuais. De preferência em-forma de Mapas Mentais, registre todas as idéias ou imagens que ocorrem em seus melhores sonhos. Isso o ajudará a ser mais visual e colorido em suas anotações.

3 Pense de Modo Radiante

Uma vez por semana, pegue uma palavra ou um conceito do seu interesse e elabore um Mapa Mental básico de Pensamento Radiante semelhante ao do jogo 'DIVERSÃO'. Assim você manterá as suas habilidades de mapeamento mental em forma.

4 Faça Mapas Mentais

Desenhe um Mapa Mental sempre que tiver um problema a resolver. Siga os seguintes passos:

- Elabore um Mapa Mental rápido com a ajuda da técnica 'tempestade de idéias', como no jogo 'DIVERSÃO' — acrescentando cores, imagens e todas as informações que o seu cérebro sugerir (ver página 48). Esse exercício deve ser feito com rapidez.
- Deixe o cérebro 'pensar' sobre o resultado durante algum tempo, enquanto você faz uma pausa de pelo menos uma hora.
- Volte ao Mapa Mental e acrescente algumas idéias novas que lhe tenham ocorrido.
- Observe novamente o seu Mapa Mental com toda atenção, procurando descobrir outras possíveis conexões entre os elementos ou entre os ramos.
- Una esses elementos com códigos, cores ou setas.
- Identifique as principais conexões novas.
- Faça nova pausa para dar ao cérebro tempo para pensar.
- Concentre-se mais uma vez no seu Mapa Mental, identifique e assinale novas relações que pode ver agora.
- Veja o Mapa Mental no seu todo e encontre a solução!

5 Guarde os Cadernos de Notas de Mapas Mentais

Outro grande gênio criativo que fazia anotações com Mapas Mentais visuais era Thomas Edison, baseando-se em seu modelo Leonardo da Vinci!

Edison, que registrou uma infinidade de patentes nos Estados Unidos, era impulsionado por um desejo criativo incontrolável e compreendeu que a melhor maneira de alimentar o seu gênio criativo seria seguindo os passos do seu herói Leonardo. Seguindo o exemplo de Leonardo, Edison registrava meticulosa e apaixonadamente, com ilustrações visuais, cada passo dos seus processos de Pensamento Criativo, e acabou reunindo 3.500 cadernos de anotações.

6 Transforme os seus Mapas Mentais em Ferramentas de Comunicação Criativa

Se tiver de fazer um discurso ou uma palestra de qualquer tipo, elabore um Mapa Mental Criativo que o ajude a assegurar o sucesso da apresentação das suas idéias.

Seja o seu discurso apenas um breve agradecimento depois de um jantar ou de uma celebração, ou uma apresentação formal numa reunião de negócios, um Mapa Mental Criativo tem inúmeras vantagens sobre o padrão linear formal, chato, monótono, pré-arranjado e muitas vezes insosso das apresentações que deixam as pessoas com medo de falar em público e as platéias com pavor desses eventos!

Com um Mapa Mental, você pode liberar a mente (e você mesmo) para organizar os pensamentos rapidamente, colocá-los numa ordem adequada e incluir todas as idéias e imagens-chave que pipocarão em sua imaginação ao se levantar para falar. Isso o ajudará a relaxar e a expressar-se natural e espontaneamente — para alívio e deleite de todos os envolvidos!

7 Mapeie e Crie o seu Futuro

Para este exercício, coloque uma fotografia ou um símbolo de você mesmo no centro do Mapa Mental e tenha como ramos principais tópicos como: Habilidades, Educação,

Viagens, Família, Profissão, Riqueza, Saúde, Amigos, Metas, Passatempos favoritos, etc. Crie nesse Mapa Mental o seu futuro ideal — fazendo o Mapa Mental do restante de sua vida como você a planejaria se o gênio de uma lâmpada mágica garantisse a realização de cada desejo.

Depois de criar esse Mapa Mental do futuro ideal, comece a transformá-lo em realidade com a ajuda do seu Grupo Mentor (ver página 38). Muitas pessoas já fizeram esse Mapa Mental e obtiveram resultados extraordinários. Poucos anos depois de elaborá-lo, elas se deram conta de que cerca de oitenta por cento dos seus planos haviam se concretizado!

8 Elabore um Mapa Mental apenas com Imagens

Elabore um Mapa Mental utilizando apenas imagens — sem nenhuma palavra! O seu cérebro estabelecerá relações e associações diferentes ao lidar só com imagens. Você se surpreenderá com as novas ligações criativas que estabelecerá ao explorar um tópico desse modo. (Faça este exercício especialmente depois de ter lido o Capítulo 4 e de ter liberado o artista criativo que existe em você!)

9 Codifique os seus Mapas Mentais com Cores

Encontre quatro maneiras de utilizar a cor como código em seus Mapas Mentais. Desenvolva formas de usar a cor e/ou a textura para mostrar conexões, camadas de tempo ou pensamento, pessoas, ações, urgência, etc.

10 Comprove como os Mapas Mentais São Úteis em sua Vida

Faça um Mapa Mental de todos os modos como essa ferramenta pode ajudá-lo — em casa, no trabalho, em todas as áreas da sua vida. Construa e expanda esse Mapa Mental constantemente. Inclua nele as idéias que você recebe de outras pessoas!

você, o artista criativo

capítulo quatro

Todos (e isso quer dizer absolutamente *todos*) somos artistas por direito natural.

Por que, então, mais de 95 por cento das pessoas no mundo acham que não têm realmente potencial criativo ou artístico e acreditam que os artistas possuem algum dom mágico especial, concedido a apenas alguns poucos escolhidos?

Realizei pesquisas sobre esse fenômeno pelo mundo todo e obtive alguns resultados surpreendentes. Primeiro, independentemente da nacionalidade, raça, idade ou sexo das pessoas pesquisadas, os resultados foram os mesmos. Segundo, as respostas dadas às perguntas mais importantes eram sempre lógicas, e *sempre* erradas!

A pergunta mais reveladora feita a esses mais de 95 por cento que acham que não são agraciados com o dom de desenhar e de pintar foi, 'Como você sabe que não possui essa habilidade especial?"

Como você pode imaginar, a resposta habitual é que eles tentaram, falharam, e portanto *provaram* a si mesmos que essa habilidade não fazia parte do conjunto de suas capacidades mentais.

O que eles de fato 'provaram' foi que a primeira tentativa de ser artistas não produziu os resultados desejados e que não apenas deviam tentar novamente, mas também que precisavam aprender *como* fazer essa segunda tentativa.

O que aconteceu em praticamente todos os casos foi quase idêntico. Sem dúvida, você pode incluir-se na história, como segue:

a morte do artista

Procure lembrar-se de quando você tinha quatro anos de idade e freqüentava a escola pela primeira vez na vida.

É um belo dia de outono, e a professora entra na sala e anuncia com entusiasmo que hoje vocês vão ter a primeira lição de arte.

Você está muito animado, pois a sua mente fervilha com imagens maravilhosas, e você mal consegue esperar para colocá-las no papel, abundante em sua pasta, como também são abundantes os lápis coloridos, tudo à sua disposição para você criar a sua primeira obra-prima!

A professora diz, sempre com muito entusiasmo: 'Muito bem, crianças, estão todos prontos? Eu quero que vocês desenhem um avião.'

Em sua mente, você pode ver o avião claramente, mas a técnica para tirá-lo do cérebro e passá-lo para o papel é um pouco mais difícil. Assim, nesse estágio, o que você, uma criança de quatro anos, rodeada por colegas todos de quatro anos, com seus papéis e lápis coloridos, faz naturalmente? Claro, você olha à sua volta para ver o que os outros alunos estão fazendo.

O que lhe dirá a professora quando perceber que você está olhando para os lados? 'Não olhe o trabalho dos outros! Isso é cola!'

As pesquisas que eu e meus colegas fizemos revelam que praticamente todos os pesquisados tiveram experiências semelhantes.

Agora pense por um momento sobre o que lhe aconteceu realmente nesse estágio. Foi como se seus pais tivessem esperado ansiosos que você finalmente reunisse todos os dados para dizer a sua primeira palavra: 'MAMÃE', e então reagissem dizendo: 'Sempre soubemos que você seria um imitador! Não use a nossa linguagem, crie a sua própria!'

Evidentemente, nenhum pai ou mãe seria tão insensato a ponto de dizer uma coisa dessas. Por quê? Porque todos nós sabemos profunda e intuitivamente que o nosso cérebro aprende primeiro por imitação. *A imitação é a primeira ferramenta essencial em qualquer aprendizado. É o modo como o nosso cérebro adquire os blocos de construção básicos do conhecimento a partir dos quais podemos então acrescentar a nossa própria criatividade singular e única.*

Isso se aplica tanto à arte quanto à linguagem.

Vamos voltar à sua primeira aula de arte, quando a primeira técnica de aprendizagem lhe foi negada.

Frustrado e aflito, você continua se debatendo, em vão, até que o tempo se esgote. Ao 'terminar' a sua tarefa, você recebe autorização de olhar à sua volta. E o que vê?

Aviões melhores!

De fato, ironicamente, a maioria das crianças vê aviões melhores porque observam a pior parte dos seus próprios desenhos e vêem a melhor parte dos desenhos dos outros.

Nesse estágio, os seus colegas podem se aproximar e ajudá-lo a perceber que o seu avião não é a obra-prima com que você havia sonhado, e o seu último melhor amigo pode dizer algo assim: 'Isso não está muito bom! Não tem asas!' A dor e a humilhação começam a tomar corpo, e o botão florescente da sua criatividade começa a murchar.

Em seguida, mais dor. Porque, pelas duas semanas seguintes, o seu pequeno avião não está afixado na parede da sala de aula, e você é condenado pela ausência dele, ou (o que é ainda mais horrível) é o seu pequeno avião que está na parede, e você é obrigado a ver aquela coisa detestável durante todo esse tempo. A simples presença dele lhe lembra diariamente a sua incompetência, fracasso e destruição do seu sonho fantástico.

Algum tempo depois, a sua professora entra na sala de aula e diz: 'Crianças, hoje vamos trabalhar com arte novamente!'

E o que o seu cérebro diz?

'DE JEITO nenhuuuuuuuuuuuuuummmmmmmmmmmmmmmmmmmm!'

O seu cérebro resolverá jogar bolinhas de papel nos colegas que fizeram desenhos bons, passar recados aos seus amigos ou observar o maravilhoso mundo artístico e criativo que está no outro lado da janela, e devanear. O seu cérebro não quer trabalhar com arte. Por quê? Porque ele já provou a si mesmo que não consegue.

Desse ponto em diante, o artista criativo maravilhoso e natural que você é esconder-se-á cada vez mais, não querendo nunca mais que um sonho tão belo se transforme em fumaça.

O artista em você pode estar escondido, mas o sonho ainda está vivo, e agora ele pode alçar vôo novamente, do mesmo modo como poderia ter feito quando você tinha quatro anos!

o renascimento do artista

Tudo o que era necessário quando você tinha quatro anos de idade era que alguém dissesse algo assim: 'Que aviãozinho interessante! Você não gostaria que o próximo tivesse asas?' E você teria respondido: 'SIM'.

Mapa Mental — Resumo do Capítulo 1

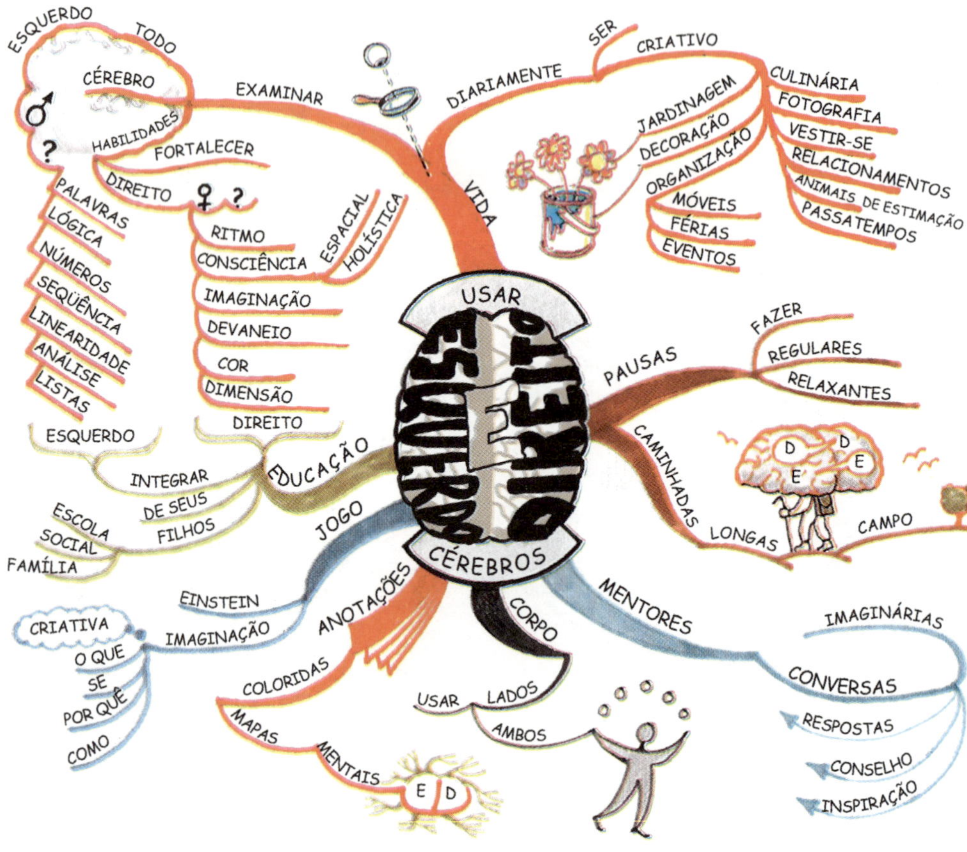

Mapa Mental — Resumo do Capítulo 2

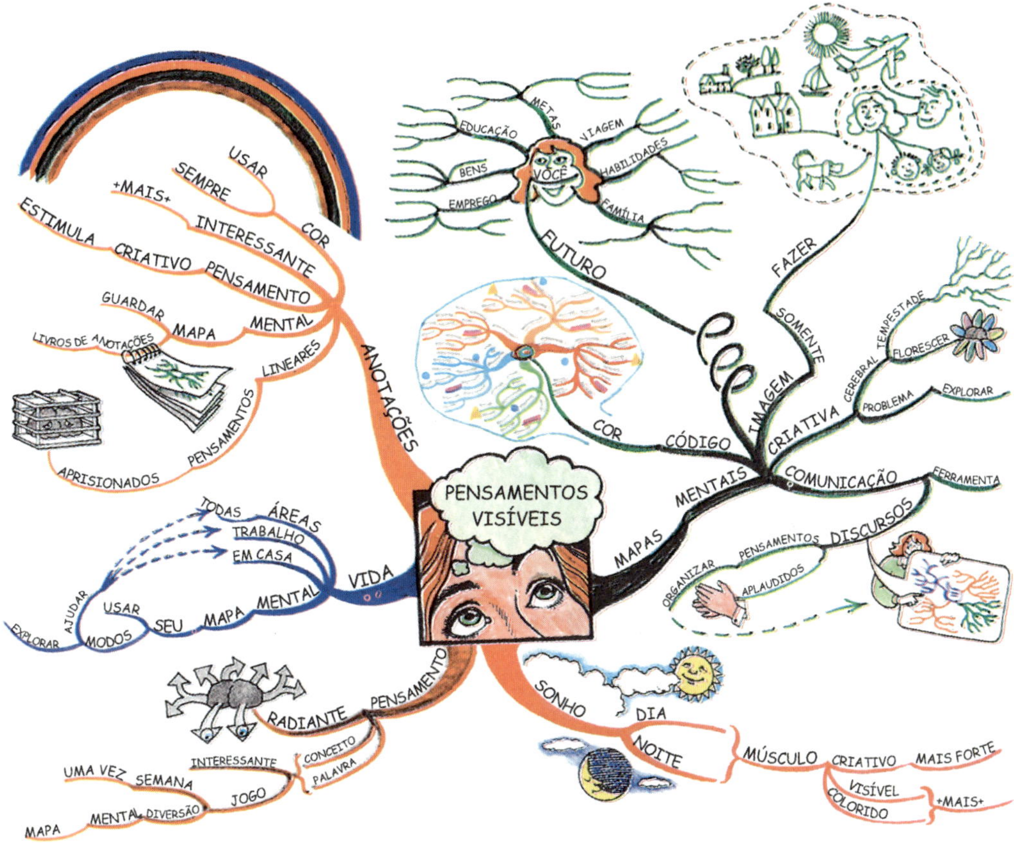

Mapa Mental — Resumo do Capítulo 3

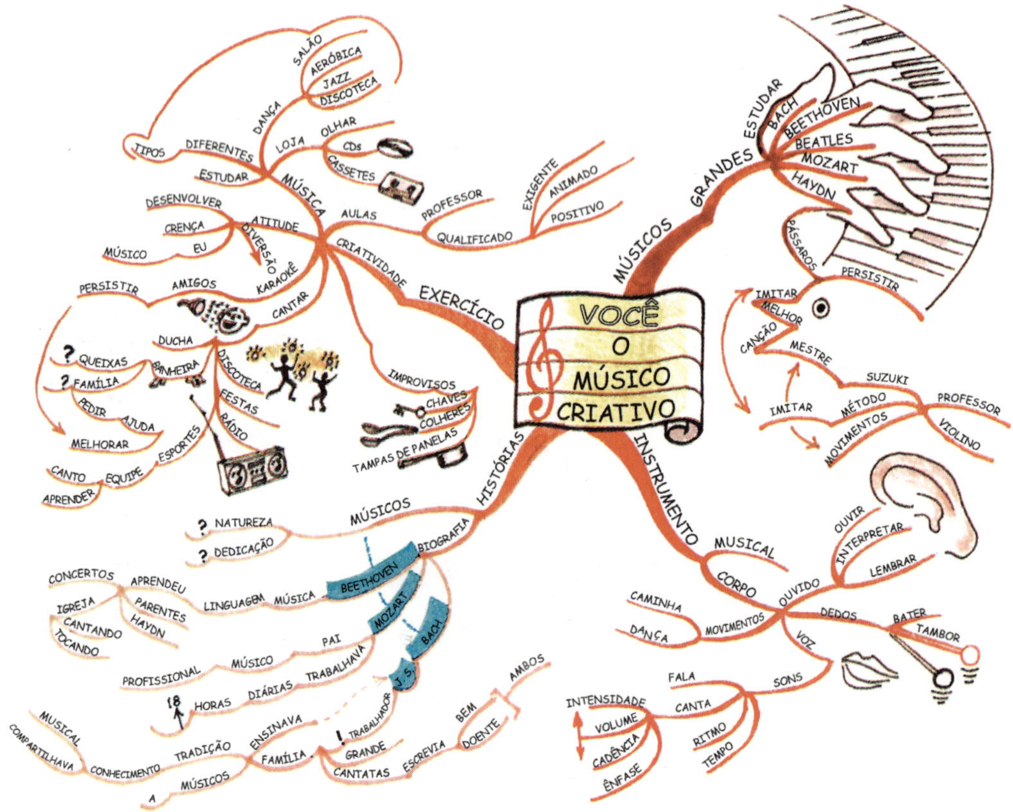

Mapa Mental — Resumo do Capítulo 5

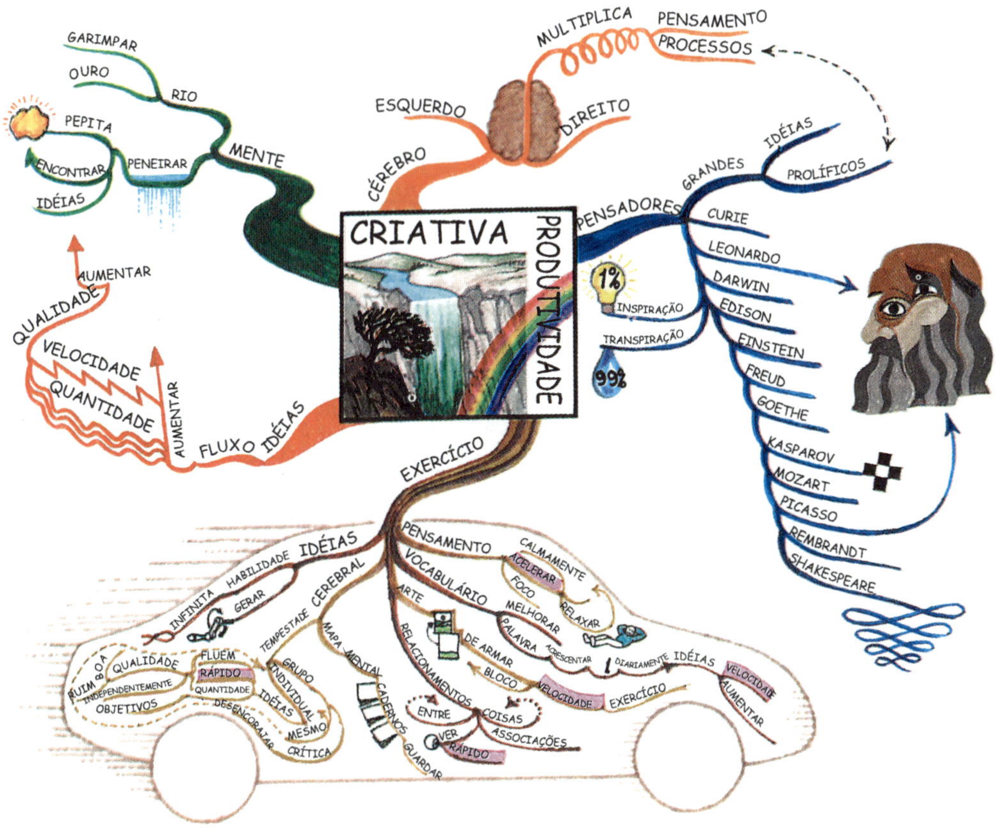

Mapa Mental — Resumo do Capítulo 6

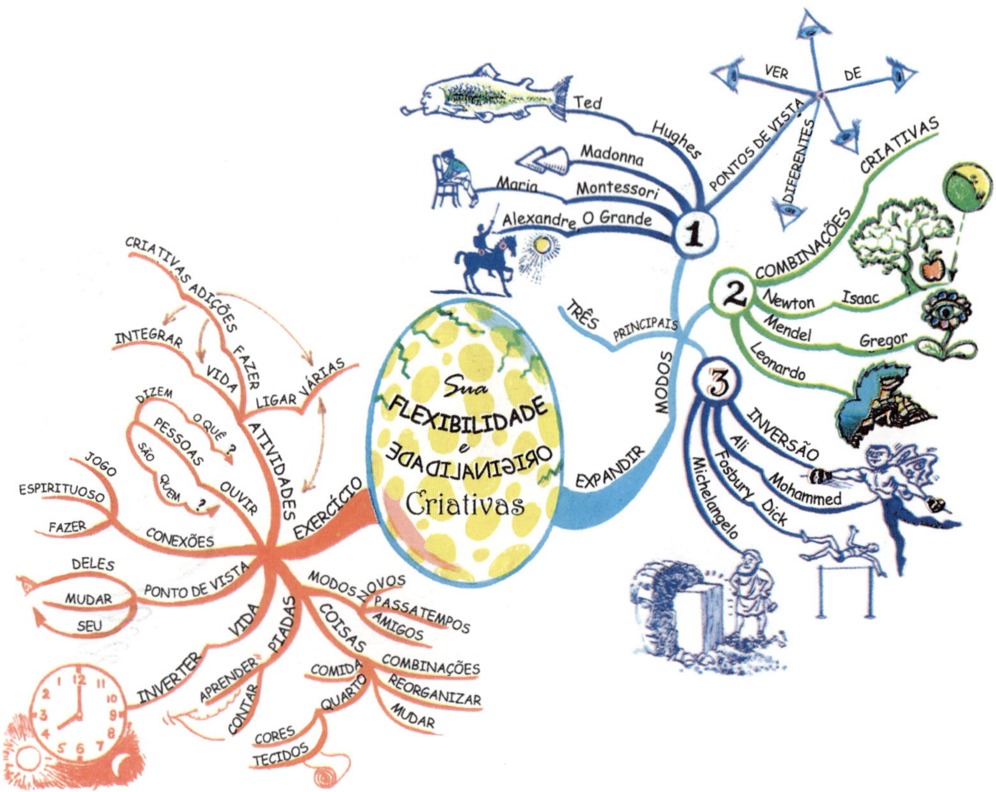

Mapa Mental — Resumo do Capítulo 7

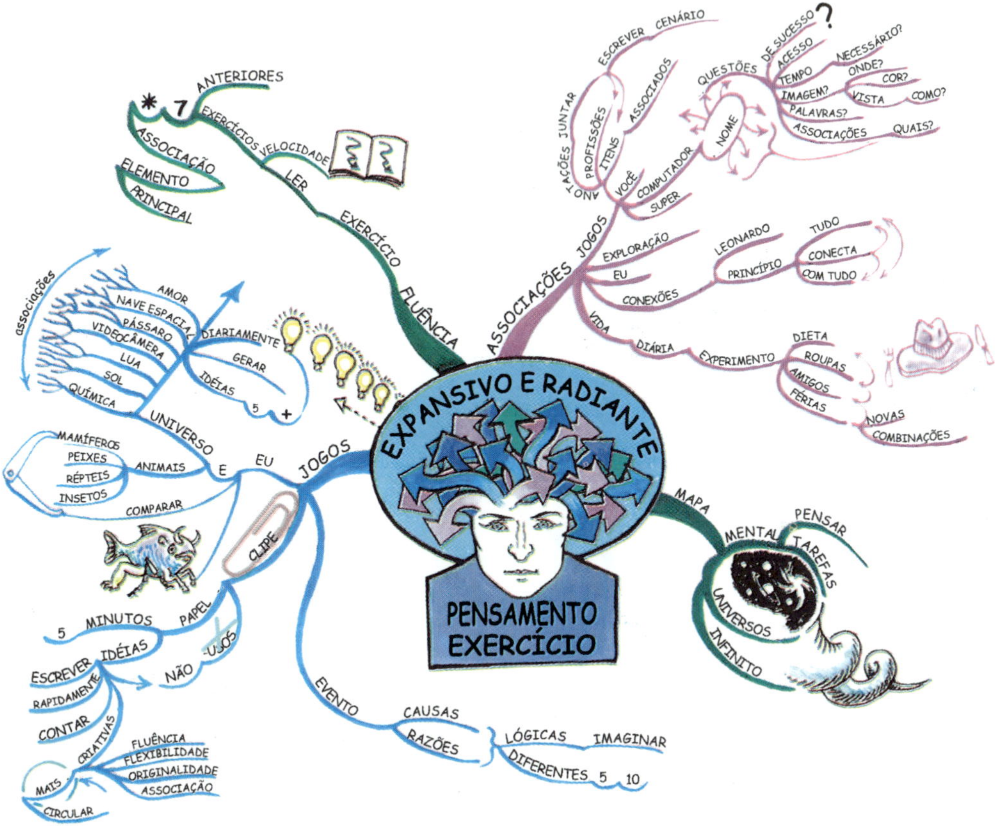

Mapa Mental — Resumo do Capítulo 8

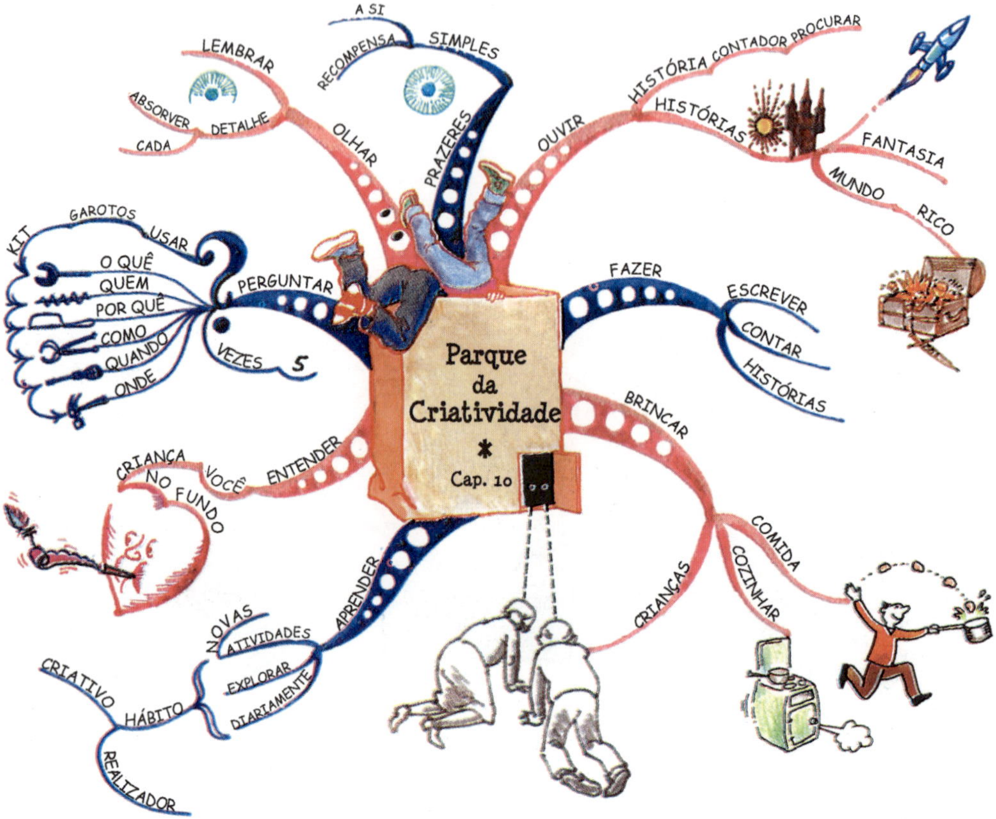

Mapa Mental — Resumo do Capítulo 10

A professora ideal teria então dito alguma coisa como: 'Bem, para isso basta que você trace duas linhas aqui e duas linhas ali, e o seu aviãozinho terá asas. E se quiser desenhar aviões ainda mais bonitos, vá até a carteira da Claudinha, que aprendeu a desenhar belos aviões, e peça que ela lhe mostre como ela faz.'

Se o procedimento tivesse sido esse, e tivesse continuado, você teria aprendido o que, na verdade, é um alfabeto muito simples para aprender a desenhar, e hoje seria um artista criativo muito competente.

O restante deste capítulo lhe dará condições de reacender o sonho e de realizar tarefas que surpreenderão você, a sua família e os seus amigos.

Jogo de Arte Criativa Número 1 (Realizando o impossível)

Neste exercício criativo 1, vou reconduzi-lo ao tempo em que você tinha quatro anos de idade e vou dar novo início à sua carreira como artista. Para garantir que este seja um começo agradável e diferente, *você vai usar a mão com a qual normalmente não escreve ou desenha!*

Por quê?

Porque não tendo desenhado com essa mão antes, você estará começando de forma diferente, literalmente.

O exercício é o seguinte: Na página 75 você verá inúmeros quadrados, cada um identificado com uma letra e um número e preenchido com algumas linhas de comprimentos e ângulos diferentes.

Na página 76 você tem uma grade marcada com as letras de A a G e com números de 1 a 7. A sua tarefa consiste em copiar, com muito cuidado, com a mão não-predominante, as linhas de cada quadrícula no quadrado correspondente da grade. Ao terminar, examine rapidamente cada quadrado para ter certeza de que traçou as linhas da forma mais perfeita possível. Então, e *só* então, vire o livro de cabeça para baixo e veja o que você criou! Em seguida, registre as suas reações no espaço abaixo.

Você não é um Gênio Criativo?!! Com a sua mão sem treino, sem uso, 'fraca', você desenhou uma imagem razoável do maior gênio criativo dos últimos mil anos, Leonardo da Vinci!

Como você conseguiu fazer isso?

Porque, muito simplesmente, o seu cérebro adotou um método que até agora lhe era desconhecido e que é natural a todos os artistas (como você) e a todos os pensadores criativos (novamente, como você!). Esse método consiste simplesmente em permitir a combinação do olho e do cérebro para medir as coisas, exatamente como foram programados a fazer. Quando o seu cérebro tem condições de fazer isso objetivamente, sem nenhuma interferência de pensamentos, como: 'Nunca vou ser capaz de fazer isso'; 'Não sou bom em arte'; 'Arte é apenas emoção'; 'Sou um zero em desenho', etc., ele simplesmente vê, simplesmente mede, simplesmente copia e portanto desenha naturalmente do modo que todos sabem desenhar.

Pense nisso — o desenho que você acabou de fazer é o primeiro que fez com essa mão. Apenas imagine a que níveis a sua arte pode chegar quando dispuser de dias, semanas, meses e anos para desenvolver uma habilidade que se projeta dos blocos de partida ao pódio da vitória!

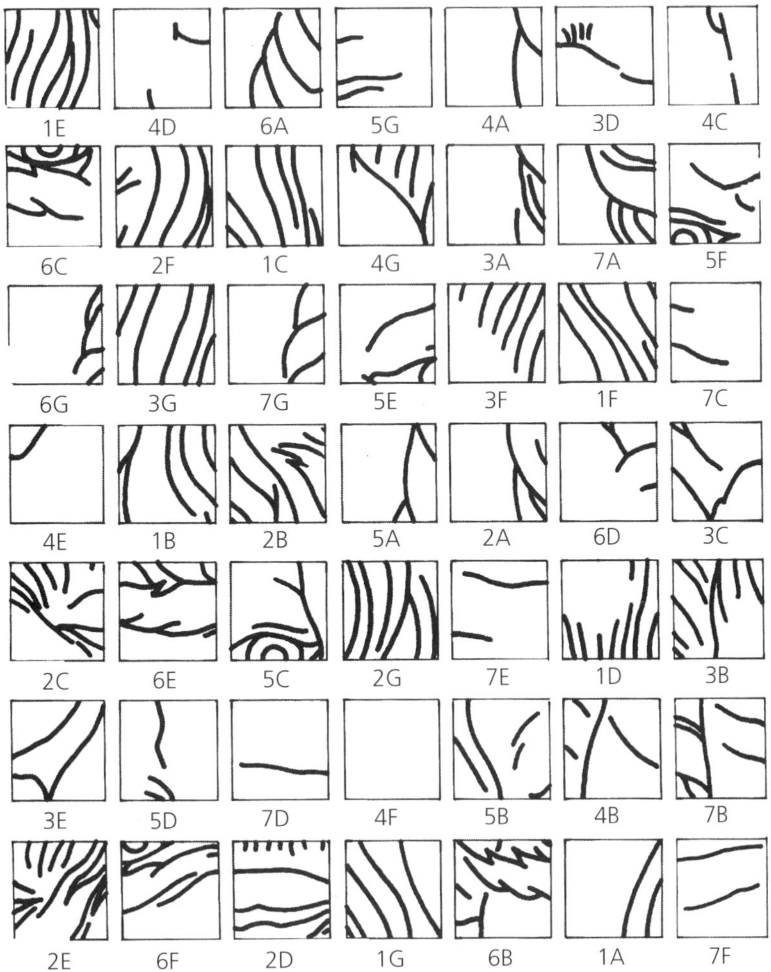
1E
4D
6A
5G
4A
3D
4C
6C
2F
1C
4G
3A
7A
5F
6G
3G
7G
5E
3F
1F
7C
4E
1B
2B
5A
2A
6D
3C
2C
6E
5C
2G
7E
1D
3B
3E
5D
7D
4F
5B
4B
7B
2E
6F
2D
1G
6B
1A
7F

	1	2	3	4	5	6	7
A							
B							
C							
D							
E							
F							
G							

o segredo artístico dos grandes

Agora... para a próxima surpresa... o surpreendente segredo artístico de Michelangelo e de Leonardo da Vinci!

Eles faziam exatamente a mesma coisa que você acabou de fazer! Eles desenhavam, primeiro, observando, e depois numerando e medindo. Veja as ilustrações nesta página e na seguinte. A primeira é o belo desenho de um atleta feito por Michelangelo. Se olhar atentamente, você verá que de alto a baixo, no lado direito e na parte inferior do lado esquerdo, há uma série de linhas, marcas e números. Isso era Michelangelo observando a forma humana como um cientista, medindo as proporções do corpo, projetando as guias de linha e de número, para finalmente 'preencher' as lacunas.

A segunda é um esboço de Leonardo da Vinci, em que o método adotado para chegar à forma final de um cavalo é ainda mais claro. Leonardo segmentou as pernas em suas partes constitutivas e, como você agora também sabe fazer, dividiu o corpo em blocos de construção de arte básicos — e depois traçou as linhas definidoras finais. Como Michelangelo, Leonardo estava observando a natureza, como um cientista, usando o talento natural dos olhos para a observação, com o objetivo de produzir uma obra que hoje chamamos de obra-prima.

Tanto Michelangelo como Leonardo da Vinci desenvolveram ativamente os seus poderes de observação, e então 'desenharam com números'!

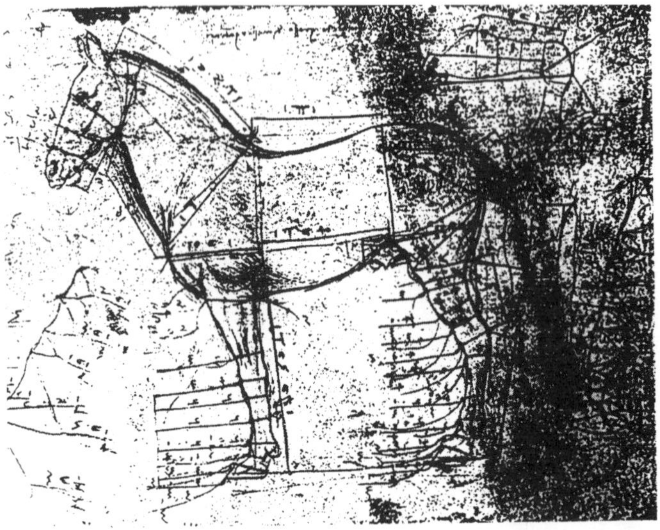

Nenhum grande artista desenhou de modo súbito e espontâneo. Antes de mais nada, eles observavam bem de perto o que queriam desenhar, depois analisavam e mediam, e só então 'copiavam' dos olhos da mente para o papel. Com efeito, Leonardo preferia que as pessoas o considerassem mais um copiador da natureza do que um 'artista' etéreo, aéreo.

No próximo Exercício de Criatividade, você terá a oportunidade de desenvolver as suas habilidades recém-descobertas, mas antes há outra descoberta surpreendente para você:

Você é um artista tão extraordinário, que não consegue NÃO desenhar!

Jogo de Arte Criativa Número 2

Neste Jogo de Criatividade, você terá alguns blocos de montar para desenhar, muito parecidos com os cubos de armar com que as crianças brincam.

Blocos de montar artísticos básicos

Blocos básicos com acréscimos

Esses blocos de montar são formas geométricas simples, como elipses, triângulos, quadrados, retângulos, etc. Você começa o jogo com qualquer forma da natureza. Essas formas estão no diagrama superior da página anterior, e incluem círculos, linhas retas e curvas. A essas formas você acrescenta outras que desejar, até que o seu cérebro 'veja' uma configuração aparecer.

Com os seus blocos artísticos básicos, complete a forma da maneira que o seu cérebro sugerir. Fazendo este exercício, você permite que o cérebro use aquela espantosa capacidade que ele tem quando, ao observar nuvens, paisagens cobertas de neve, padrões em madeira ou rocha e chamas bruxuleantes, 'vê' todos os tipos de formas que se transformam em animais, monstros, rostos ou paisagens.

No segundo diagrama da página anterior, você encontra exemplos de seis formas básicas, quatro das quais já receberam alguns rabiscos.

Se quiser, você pode fazer acréscimos em qualquer desses blocos, ou pode ir para a página e ver como o artista continuou esses rabiscos em particular. Às vezes, a 'forma' se torna evidente girando a página até onde o ângulo e a perspectiva diferentes 'encaixam' a imagem final no devido lugar.

Agora você sabe que é Criativo, que tem capacidades artísticas naturais, que pode inclusive desenhar com a mão que nunca usou antes, e está de posse das fórmulas dos maiores criadores artísticos de todos os tempos e do conjunto de ferramentas básicas para expandir os seus imensos poderes criativos artísticos. Chegou o momento para um Exercício de Criatividade.

exercício de criatividade

1 Rabisque

Numa folha de papel em branco, e usando os blocos de montar básicos descritos acima, rabisque com as formas básicas até compor com cada uma delas uma figura que se possa identificar.

2 Aprenda o Truque de Medição do Artista Criativo

Ao observar artistas verdadeiros trabalhando ou ao ver um filme sobre pintores notáveis como van Gogh e Michelangelo, você já notou que eles fazem regularmente algo que parece bastante inusitado, ou seja, seguram lápis ou pincéis no ar com o braço esticado e o movimentam de um lado para o outro? Você está para descobrir como o que eles estavam fazendo ajudou a torná-los grandes, e como isso pode ajudar você em seu próprio desenvolvimento criativo.

Quando estiver com um grupo de pessoas ou puder ver pessoas a distâncias diferentes, pegue um lápis ou uma caneta, segure-o com o braço estendido e meça o 'tamanho' das várias cabeças. Antes de começar a medir, procure calcular o comprimento do lápis ou da caneta que essas cabeças podem ocupar.

Para medir, proceda do seguinte modo: alinhe a ponta superior do lápis com o topo da cabeça da pessoa. Em seguida, deslize o polegar pelo lápis para baixo, desde o alto

Técnica de medição dos artistas

até o ponto em que o polegar chega ao nível do queixo da pessoa. Como mencionei, é recomendável fazer isso com pessoas próximas e também distantes.

Os resultados deste exercício colocarão em suas mãos uma ferramenta de visão científica/artística/criativa desconhecida de todos os gênios da Ásia, da Índia, do Oriente Médio e da Grécia, só sendo descoberta pelos extraordinários gênios criativos da Renascença Italiana há apenas seiscentos anos.

3 Você consegue desenhar caricaturas? É claro que sim!

Abaixo você vê várias caricaturas que ajudam a ilustrar expressões faciais. Copie essas caricaturas, medindo e comparando cuidadosamente à medida que desenha. Se uma ou

outra não ficar tão perfeita como você gostaria, não a apague — conserve-a para compará-la com outras tentativas futuras; com o conhecimento que você for adquirindo, repita o exercício algumas semanas mais tarde.

4 Pratique!

Pratique desenho com a sua 'outra' mão. Usar as duas mãos (ambidesteridade) é um método muito bom de aumentar as suas capacidades criativas. Utilize também os blocos de armar artísticos para praticar. Uma vez por semana, rabisque de cinco a dez minutos com os blocos básicos, mantendo assim seu Músculo Artístico Criativo em boa forma.

5 Matricule-se num Curso de Arte!

Agora que a sua carreira artística foi restabelecida, consulte livros introdutórios sobre a arte de desenhar, e pense na possibilidade de freqüentar aulas de desenho ou de pintura, ou tire umas férias para pintar — ambas as alternativas são relaxantes e inspiradoras.

6 Visite Galerias

De posse do seu novo conhecimento sobre a 'Ciência da Arte', visite galerias de arte e museus, e olhe com novos olhos as obras de seres humanos que, como você, tinham a capacidade de desenhar e de pintar, mas também tiveram a oportunidade de ter professores que lhes mostraram as técnicas que você acabou de aprender. Eles imitaram os seus professores e os grandes mestres que os antecederam. Imite-os!

7 Aprenda a Ver

Sempre que Michelangelo ou Leonardo saíam para passear, eles ficavam muito atentos e com olhos bem abertos para localizar especialmente rostos bonitos ou interessantes, objetos atraentes da natureza, edifícios antigos, etc. Quando encontravam algo que lhes chamava a atenção, eles o observavam, fechavam os olhos, tentavam 'representá-lo' e o observavam novamente. Na segunda observação, eles comparavam a lembrança do que tinham visto com a realidade. Eles repetiam o exercício até que a representação mental fosse praticamente idêntica à realidade observada e quase não pudessem dizer se os olhos estavam abertos ou fechados. Tendo assim visto (memorizado) o objeto de sua atenção, eles voltavam aos seus estúdios e o desenhavam (registravam).

Tente você mesmo esse jogo deveras interessante. Você descobrirá que à medida que o repete, a sua capacidade de desenhar se aperfeiçoará, e como conseqüência — igualmente importante — também a sua capacidade de ver e de lembrar se aguçará.

8 Vá a uma Loja de Arte e PESQUISE!

Descubra onde você poderia participar de aulas de arte, folheie livros ou revistas interessantes e, mais importante de tudo, compre um pequeno caderno de esboços ou de notas em que possa começar a rascunhar as suas idéias criativas, especialmente em forma de imagens. Assim você estará seguindo exatamente as pegadas de Edison e de Leonardo!

9 Observe!

Se você tem *alguma* dúvida de que é um Gênio naturalmente Criativo, faça o seguinte: procure lembrar-se de cada coisa bonita, magnífica, complexa e extraordinária que já viu. Se você estiver numa situação que de algum modo se revela interessante no momento em que lê este livro, observe-a sob todos os pontos de vista.

Como usamos os olhos para ver, e como a realidade está 'lá', quando olhamos para uma coisa tendemos a supor que *ela* esteja simplesmente *lá* e que *nós* estamos simplesmente olhando para *ela*.

Mas se ela estivesse apenas 'lá', como entraria em nossa cabeça?

O que realmente acontece é que os seus espantosos olhos, com 260 milhões de receptores de luz, recebem bilhões e bilhões de fótons de luz por segundo, todos levando imagens até você. Seu olho então transmite essas imagens através do nervo óptico para a parte posterior do cérebro, que então *recria* todo o mundo externo *dentro* da sua cabeça.

Em outras palavras, para quase cada segundo da sua vida desperta, o Artista Mestre em seu Cérebro Criativo esteve pintando quadros perfeitos da realidade para você admirar. Cada rosto bonito, cada montanha recoberta de neve, cada pôr-do-sol e cada nascer da Lua, cada flor, cada animal, cada pássaro que você já viu... tudo isso você re-*criou* perfeitamente em seu próprio cérebro.

Você já criou e pintou, meu amigo gênio, bilhões de Obras-primas! As suas mãos querem simplesmente participar da diversão e criar algumas mais para você! Por que não deixá-las?

Rabiscos completos

você, o músico criativo

capítulo cinco

Bem-vindo a um capítulo em que você descobrirá as razões por que a grande maioria dos habitantes da Terra acredita que não tem aptidão musical e não sabe cantar. Você aprenderá lições com músicos-mestres, os pássaros, e verá que esteve tocando pelo menos dois instrumentos musicais muito complexos durante grande parte da vida e que 'criou' milhares de composições musicais! Além disso, com o Exercício de Criatividade, você aprenderá a aperfeiçoar as extraordinárias capacidades que possui.

Assim como acontece com o conceito de Arte Criativa, por que 95 por cento das pessoas pesquisadas em todo o mundo disseram que 'sabiam' não ter realmente aptidões musicais, e que os músicos, como os artistas, possuem algum dom mágico concedido a uns poucos apenas?

Assim como na arte, todas haviam tentado criar música e achavam que haviam fracassado. Mas fracassaram de fato? Ou simplesmente não conheciam o segredo de criar música *naturalmente?*

Para ter uma idéia melhor sobre este assunto, vamos ver como os pássaros cantam naturalmente!

como os pássaros fazem música

No início do século passado, um jovem músico japonês extraordinário, de nome Suzuki, dedicou-se a estudar o modo como os pássaros aprendem a cantar.

Com essa nova informação que você agora tem, vamos voltar ao passado e rever os eventos típicos que podem ter ocorrido quando você (aquele Gênio Musical Criativo em formação) iniciava a sua jornada em direção ao desenvolvimento musical criativo.

No Japão, milhões de pessoas gostavam de ter pássaros canoros em suas residências, e por isso a demanda dessas aves era grande. Suzuki chegou à conclusão de que um dos melhores lugares para estudar o desenvolvimento do canto dos pássaros seria visitar um aviário, onde dezenas de milhares de ovos de pássaros canoros eram chocados.

Para sua surpresa, Suzuki descobriu que os filhotes não cantavam 'naturalmente'. Eles ouviam o canto de um pássaro 'Cantor-Mestre' que os criadores colocavam no setor do berçário; depois de centenas e centenas de tentativas os filhotes finalmente aprendiam a cantar exatamente como o Cantor-Mestre.

Em outras palavras, assim como acontece com a arte e o artista, os filhotes aprendiam a cantar não em virtude de algum evento mágico, mas imitando o melhor e praticando milhares de vezes antes de conseguir chegar a um nível de excelência.

Suzuki descobriu uma verdade que se aplica ao cérebro de todos os pássaros, ao cérebro de todos os animais e ao cérebro de todos os seres humanos: cantar e compor música são habilidades aprendidas que são alcançadas por imitação e por um trabalho constante em busca da perfeição.

a morte do músico

Mais uma vez, volte ao tempo de criança, à fase em que você fazia as primeiras tentativas de manter-se de pé e correr.

É um glorioso dia de primavera e você está brincando com os amiguinhos num parque todo florido, com caixas de areia, balanços, armações de metal para escalar, e coisas parecidas, e com pessoas levando os seus cães a passear, encontrando amigos e se aquecendo ao sol na beleza primaveril.

A pura beleza e animação do ambiente o enchem de alegria, e você e os seus amigos correm de um lado para o outro, experimentando aquele fantástico instrumento musical que vocês estão começando a descobrir: a voz. Cada um produz notas mais altas do que qualquer cantor de ópera, descobrindo de quantos modos podem emitir cada nota, por quanto tempo conseguem mantê-la, a que altura podem levá-la e quanto podem variá-la.

No meio dessa sinfonia sonora digna de uma ópera, a que os cachorros se juntaram com grande entusiasmo, a sua mamãe e o seu papai, e as mamães e papais dos seus amiguinhos, vão até vocês e dizem que não devem gritar, berrar e incomodar as pessoas. Você descobre que fazer experimentos com a voz e explorá-la até os seus limites extremos é um ato censurável e anti-social.

Algum tempo depois, já na sala de aula, você está tão imerso em sua tarefa, que começa a sussurrar e cantarolar espontaneamente para si mesmo. Imediatamente lhe dizem para parar com isso e ficar em silêncio enquanto estuda. Você entende que a música não tem relação com a arte, com o aprendizado e com a produtividade.

Alguns anos mais tarde, com medo cada vez maior de usar a voz a não ser de modo muito controlado, você precisa fazer um teste na aula de música. De pé, na frente da turma, você é submetido a um exame público. Com os músculos da garganta e do pescoço tensos, e com a boca seca de medo, pedem-lhe que repita uma nota tocada no piano. Você procura imitar, mas produz um som dissonante. Alguém comenta que o seu timbre não está bom e que a sua voz não preenche os requisitos para fazer parte do coro da escola. Como conseqüência, sempre que uma pessoa importante visita a escola, e todos os alunos têm de cantar canções ou hinos de boas-vindas, pedem-lhe que não emita um som sequer e que apenas reproduza as palavras!

Depois de ter a sua musicalidade ainda mais asfixiada e reprimida, um belo dia você se encontra no santuário do banheiro e, enquanto toma uma ducha, libera a sua melodia ou canto preferido. Da cozinha lhe chega uma voz nervosa: 'Por favor, quer parar de fazer esse barulho horrível?!' Você descobre que mesmo as pessoas que você ama se incomodam com a sua música.

A essa altura, todas essas 'provas objetivas' o terão convencido de que você não tem aptidão musical, de que não sabe cantar e de que não deve continuar tentando. Você se tornou um leproso criativo — alguém sem musicalidade.

Mas isso é assim mesmo, de verdade? As evidências são 'provas' de fato? Ou existem comprovações em contrário, evidências que provam por si mesmas que você é um músico maravilhosamente criativo e natural?

o renascimento do músico

Apesar de todas as 'provas' que depõem contra a sua capacidade, na verdade, em termos musicais, *você* é um gênio criativo. E mais, são muitas as provas que corroboram essa afirmação!

Prova Número 1: Os Pássaros Cantores-Mestres

Vamos voltar a Suzuki. Suzuki descobriu não apenas que os pássaros canoros aprendiam a cantar com os Cantores-Mestres que imitavam, mas também que o cérebro de *cada um* deles era capaz de imitar o Cantor-Mestre. Em outras palavras, na medida em que os filhotes imitavam e treinavam repetidamente, eles não só alcançavam a maestria com facilidade, mas ainda a transformavam num segundo e natural estágio do aprendizado. Depois de alcançar esse estágio elementar (é bom pensar que a maestria é elementar, não?), cada filhote desenvolvia suas próprias variações temáticas.

Em comparação com o seu cérebro, o cérebro de um pássaro é incrivelmente simples. Se o cérebro *do pássaro* pode fazer isso, o seu também pode. Se o seu cérebro tiver condições de imitar um Mestre e praticar continuadamente, ele também pode alcançar um padrão elevado.

Toda criança pode tocar violino

Suzuki resolveu pôr sua teoria em prática ensinando crianças ainda em tenra idade a tocar violino. Ele não lhes dava livros com notas musicais, apenas lhes dava condições de imitarem os movimentos básicos que ele fazia no instrumento. Ele ensinou outros professores a fazer o mesmo. O esquema funcionou.

Hoje, no início do século XXI, centenas de milhares de crianças em todo o mundo aprenderam a tocar violino e outros instrumentos musicais, e inclusive a usar suas vozes, aplicando os métodos de Suzuki. Não foi encontrada uma única criança sequer que não possa tocar bem. A mesma técnica tem sido aplicada a adultos, com resultados semelhantes.

A probabilidade de que você seja a única pessoa incapaz de aprender é infinitesimal! Você é um Músico Criativo natural!

Prova Número 2: Você Fala — Portanto, Você Canta!

Você fala? É claro que sim!

Como você aprendeu? Imitando outras pessoas.

O que você imitou? Som, ritmo, compasso, tom, cadência, palavras, volume, notas, movimento, intensidade, ênfase e vibração.

O que são todas essas coisas? *Música!*

Se você ouvir centenas de pessoas falando uma língua estrangeira que desconhece completamente, você perceberá que todas elas estão cantando. A razão por que muitos acham que não conseguem cantar é que, apesar de passarem a vida toda cantando, o nome desse modo de cantar recebeu outro nome: fala.

Prova Número 3: Você Já Toca um Instrumento Musical

Você tem usado um instrumento musical durante toda a sua vida — a sua voz! A voz é um instrumento musical de complexidade impressionante. Para ela concorrem os lábios, a boca, a língua, a laringe, a garganta, os pulmões, o diafragma, os dentes, os ossos e todas as cavidades do crânio.

Ela envolve bilhões de partes funcionais, e faz o mais sofisticado violino, violão, piano, órgão, sintetizador ou qualquer outro instrumento musical recolher-se à sua insignificância! E você vem tocando e criando com ela desde que nasceu. Você é um Músico Criativo natural!

Prova Número 4: O seu Segundo Instrumento Musical

Você não vem usando apenas esse instrumento musical vocal ao longo da sua vida; há outro instrumento que também precisa ser mencionado — o seu ouvido. O ouvido é outro instrumento espantoso, de complexidade e sofisticação muito maiores do que qualquer outro produzido pela humanidade. Ele contém milhares de partes funcionais e em sua capacidade criativa é semelhante aos olhos.

Toda melodia que você já tenha cantarolado, toda canção ou ária que tenha ouvido, toda música natural, popular ou rock com que tenha dançado ou sonhado, cada concerto ou obra sinfônica que o tenha fascinado, tudo foi tocado e recriado por *você*.

Do mesmo modo que os seus olhos o ajudam a criar milhões de obras-primas visuais, assim os ouvidos têm sido os instrumentos com os quais você recria e re-recria (relembra) cada nota de cada canção e peça musical que tenha ouvido 'lá' e que o seu cérebro resolve re-criar para a imensa biblioteca musical que ele mantém.

os grandes músicos criativos: 'natureza' ou 'dedicação'?

A mitologia popular insiste em afirmar que os grandes músicos criativos 'nasceram' com essa aptidão; que eles praticamente saíram do ventre materno compondo músicas!

Nada poderia estar mais longe da verdade!

Biografias Notáveis — Ludwig van Beethoven

Em 1770 nasceu Beethoven, não como músico acabado, mas no seio de um mundo de música.

A maioria das pessoas de suas relações se constituía de cantores, pianistas ou instrumentistas, e seu pai empenhava-se ao máximo para proporcionar-lhe a melhor educação musical possível. Desse modo, Beethoven estudou com os maiores músicos da época, entre eles Haydn; 'o melhor ajuda a criar o melhor'.

Na cidade onde Beethoven morava, a música era uma presença constante, manifestando-se na forma de músicos de rua, festivais, noites musicais em salões ou em casas particulares, e cantos e melodias regulares na igreja local.

Exatamente do mesmo modo como você aprendeu a falar a linguagem das palavras, Beethoven, no mesmo ritmo e com a mesma dedicação, aprendeu a linguagem das notas musicais. Pense em quantas horas o cérebro do seu filho bebê e criança passa aprendendo e praticando a língua, e quantas horas de cada ano você ocupa falando — é com essa dedicação que Beethoven se entregou à música!

Biografias Notáveis — Wolfgang Amadeus Mozart

Como Beethoven, Mozart não entrou no mundo compondo sinfonias. Ele era o filho caçula de Leopold Mozart, um músico profissional — Diretor Musical da Arquidiocese de Salzburgo e professor perfeito.

O jovem Mozart aprendeu a linguagem da música, dia após dia, com um dos melhores tutores particulares. Também como Beethoven, ele trabalhou incessante e incansavelmente na área de expressão criativa que escolheu. Consta que freqüentemente ele trabalhava até dezoito horas por dia.

Biografias Notáveis — Johann Sebastian Bach

Johann Sebastian Bach, outro compositor admirável e prolífico a exemplo de Beethoven e Mozart, também é com freqüência considerado um gênio 'natural'. Mas ele só era um gênio 'natural' se 'natural' significa 'trabalhador ao extremo'!

Bach nasceu em 1685 no seio de uma família que, novamente como no caso de Beethoven e Mozart, era composta principalmente por músicos. Todos eles ajudaram o jovem Johann, especialmente o seu irmão mais velho, organista em Ohrdruf, que ensinou o mais novo a tocar órgão e cravo, e cujo estilo Johann Sebastian imitou.

A família Bach tinha a tradição de trocar conhecimentos e, por volta de 1840, todos os seus integrantes haviam ensinado uns aos outros, chegando a um total de setenta músicos! Essa não foi uma 'vitória genética', mas a vitória de uma tradição familiar e de uma educação recíproca que culminou no jovem Johann Sebastian.

Bach propunha-se metas de Produtividade Criativa — uma delas era escrever uma cantata (uma peça musical de duração mediana com voz solo e normalmente com partes de coral e orquestra) uma vez por semana, mesmo quando estava doente ou cansado. Conta-se que ele teria dito modestamente a seus alunos: 'Qualquer pessoa que trabalhar tanto como eu trabalhei colherá os mesmos frutos.' 'Tanto como eu trabalhei' significava entre dez e dezoito horas de trabalho por dia, durante quase sessenta anos — 328.500 horas no total!

Agora temos uma prova irrefutável de que você é naturalmente criativo em termos musicais. Chegou o momento de participar do Exercício de Criatividade para uma sessão musical absolutamente agradável!

exercício de criatividade

1 Cante!

Volte a cantar na banheira ou no chuveiro (ou continue a cantar com maior entusiasmo ainda!). Se alguém se queixar, peça ao queixoso que o ajude a melhorar!

2 Dance!

A dança é uma expressão do seu senso natural de ritmo e de grande musicalidade criativa. Dedique-se a todas as formas de dança, desde a de discoteca até aeróbica (boas também para o cérebro e o coração), jazz e de salão.

Sempre que dançar (quanto mais seguidamente, melhor) libere mais a sua Criatividade experimentando e aprendendo novos movimentos, ritmos e formas.

3 Consiga Outro Instrumento Musical

Vá a uma loja de música e procure bastante. Pense na possibilidade de comprar um instrumento musical simples como um apito de metal ou um bongô. Didjeridus são muito populares, da mesma forma que violões e teclados.

Pense também em expandir a sua biblioteca mental de melodias e em aumentar a sofisticação do seu ouvido como instrumento musical, ouvindo músicas de diferentes países. Em pouco tempo você perceberá como o mundo todo é incrivelmente criativo também na área da música. Isso reforçará a sua consciência de que todos têm aptidão musical e de que as formas de expressão musical criativa são infinitas.

4 Expanda os seus Limites

Compreenda que aquilo que você *pensa* cria a sua realidade e os seus limites. Se pensar que não consegue cantar ou tocar um instrumento musical, você não será capaz de fazê-lo. Os seus limites serão absolutos. Entretanto, se você pensar que *pode* cantar e que tem potencial para tocar algum instrumento, você será capaz de fazê-lo. Os seus limites se tornarão infinitos.

Quem demonstra este princípio de modo mais enfático é o brilhante fundador e maestro da Orquestra Filarmônica de Boston, professor Benjamin Zander. O professor Zander tem uma visão única e profundamente eficaz para ensinar Música Criativa a alunos avançados.

No início do ano, ele dá as boas-vindas aos alunos e com o ritmo e a ênfase musicais apropriados diz que já sabe as notas que eles receberão no fim do ano.

Enquanto todos ouvem com atenção, ele anuncia com alegria: 'Todos vocês vão conseguir um "A"!' E acrescenta: 'Garanto que todos vão tirar um "A". Uma das tarefas para conseguir esse "A" é a seguinte: Nas próximas duas semanas vocês vão me escrever uma carta bem detalhada. Imaginem que acabaram de se formar com notas máximas e menção honrosa em Artes Musicais Criativas. Nessa carta, vocês esclarecerão aspectos como estes: por que conseguiram um "A"; quantas horas de prática realizaram; quais eram as suas metas e como as alcançaram; que erros cometeram e como os corrigiram; que orientações receberam e como as aplicaram; que lições importantes para a vida aprenderam durante o ano; e como vão continuar estudando e se dedicando à carreira agora que estão formados com notas excelentes e com menção honrosa.'

Todos os alunos realizam a tarefa. Cada um deles, comprometendo-se com o plano de ação, segue-o à risca e consegue, com merecimento, um 'A'.

Siga esse exemplo e escreva um programa detalhado que mostre como você vai desenvolver as suas aptidões musicais!

5 Lembre-se de que Você é um Músico Criativo

Lembre-se constantemente de que você é um Músico Criativo. Sempre que ouvir pássaros cantando, lembre-se que eles aprenderam imitando e persistindo. Sempre que caminhar ou correr, lembre-se igualmente que você está tocando 'Música do Corpo'. Sempre que estiver preocupado, tamborilando impaciente, tome consciência de que você é um percussionista! Toda vez que conversar com um amigo, lembre-se que você está cantando, às vezes em duetos e quartetos.

Quando ficar realmente furioso com alguma coisa, e começar a golpear a mesa, batendo os pés no compasso das palavras que está berrando (num crescendo e com o ritmo pontuando perfeitamente os movimentos do corpo), lembre-se que cada palavra é exatamente o que você quer que ela seja; enunciada exatamente do modo como você quer; dita no volume preciso que você pretende para causar o efeito máximo; martelada com a cadência e com o ritmo precisos que você deseja; e controlada precisamente em termos de intensidade, conteúdo, síncope e volume!

Em outras palavras, você estava cantando! E se Beethoven estivesse trabalhando com você, criando uma orquestra inteira com instrumentos de metal, de sopro e de cordas, você seria o cantor, cantando *perfeitamente* uma ária de ópera original! (Talvez intitulada *Il Genitore Furioso ou* O Pai Furioso!)

6 Crie Oportunidades Musicais

Agora que você sabe que é um Músico Criativo, aproveite todas as oportunidades para expressar a sua Criatividade. Participe de eventos esportivos onde possa cantar as canções do clube ou hinos nacionais. Vá a bares com karaokê, e não fique apenas sentado e ouvindo — levante-se e cante! As suas primeiras tentativas podem ser ruins, mas isso não tem importância; persista, que elas irão melhorar.

Em clubes ou festas, cante com a música que está tocando. Em casa, cante (ou toque) acompanhando o rádio, os seus CDs ou os temas musicais dos programas de TV.

Se tiver filhos, improvise uma sessão musical com eles, com qualquer objeto que possa criar sons musicais (chaves, frigideiras, colheres de madeira, etc.). As crianças vão adorar, e você também.

7 Pense na Possibilidade de Ter Aulas de Música

A regra simples para encontrar um professor neste caso é descobrir alguém que:

- seja qualificado e toque bem o instrumento que você quer aprender
- acredite absolutamente que você pode aprender qualquer tipo de música que queira e se dedique à tarefa com energia, entusiasmo e atitude positiva.

Alternativamente, procure fazer parte de um conjunto de música local ou de um grupo de cantores. A experiência lhe será recompensadora, animadora e transformadora.

8 Divulgue as Boas-Novas!

Agora que você conhece a verdade sobre a musicalidade natural criativa de todos, espalhe as boas-novas!

Se algum dos seus amigos ou colegas chegar com os velhos argumentos de que ele não tem aptidão musical, use as informações que você obteve aqui para ajudá-lo a libertar-se da prisão solitária, monótona e silenciosa em que ele está preso. Fazendo isso, você estará se cercando cada vez mais de um número crescente de cantos, danças e músicos. Isso, por sua vez, transformará toda a sua vida numa grande sinfonia!

produtividade criativa –
o poder do volume e da velocidade

capítulo seis

No Pensamento Criativo, fluência significa o número de idéias que você pode criar e a velocidade com que as cria. A fluência é um dos principais objetivos de todos os Pensadores Criativos e de todos os grandes gênios.

Esse objetivo pode, por si só, criar um problema — o da qualidade. O que acontece com a qualidade das suas idéias criativas se você começa a acelerar o pensamento e a produzir um grande número de idéias? A qualidade decai, permanece a mesma, ou aumenta?

Surpreendentemente (e felizmente!), a resposta é que à medida que a quantidade e a velocidade das idéias aumenta, a qualidade geral das idéias também aumenta.

Em outras palavras, no Pensamento Criativo, você pode ter o bolo e também saboreá-lo!

Vamos examinar rapidamente alguns grandes Pensadores Criativos e ver como esse processo aconteceu com eles. O mero volume e produtividade de alguns desses grandes pensadores é espantoso:

- **Marie Curie** — esta grande cientista não recebeu um Prêmio Nobel apenas, mas dois — e em duas áreas diferentes, física e química. Suas atividades abrangiam os campos do magnetismo, da radioatividade e da aplicação do raio-X à medicina; ela também isolou os elementos químicos rádio e polônio.

- **Leonardo da Vinci** — criou tantas idéias, em campos tão numerosos e diferentes, que ninguém ainda conhece todas!
- **Charles Darwin** — além do seu livro de mais de mil páginas sobre o assunto, o criador da Teoria da Evolução escreveu **119** outros trabalhos científicos, livros e opúsculos.
- **Thomas Edison** — registrou **1.093** patentes originais, um total que continua sendo o recorde mundial de patentes registradas por uma única pessoa. Ele também preencheu **350** cadernos de anotações com esquemas e idéias.
- **Albert Einstein** — além do seu trabalho magistral sobre a Relatividade, Einstein publicou mais de **240** outros trabalhos científicos.
- **Sigmund Freud** — escreveu e publicou mais de **330** trabalhos sobre psicologia.
- **Goethe** — o grande polímata e gênio alemão foi tão prolífico que, em todos os seus escritos, usou **50.000** palavras *diferentes*.
- **Garry Kasparov** — o maior jogador de xadrez da história jogou, analisou, memorizou e comentou criativamente muitos **milhares** dos grandes jogos de xadrez do mundo.
- **Mozart** — em seu curto período de vida, este grande gênio musical criativo compôs mais de **600** peças musicais, inclusive **40** sinfonias completas.
- **Pablo Picasso** — este gigante criativo do século XX produziu mais de **20.000** obras de arte.
- **Rembrandt** — envolvido em muitas atividades, inclusive em negócios, completou paralelamente a essa atividade mais de **650** quadros e **2.000** desenhos.
- **William Shakespeare** — este gênio criativo, geralmente considerado o maior escritor inglês de todos os tempos, escreveu, num período inferior a vinte anos, **154** sonetos e **37** peças que são verdadeiras obras-primas.

A lista acima desmente a idéia errônea generalizada de que os gênios produzem apenas algumas idéias brilhantes e então esgotam toda sua energia criativa. Evidentemente, o oposto é verdadeiro: eles geram um imenso número de idéias e aceleram a produtividade com o passar dos anos; tudo o que fizeram intensifica sua energia criativa, dando-lhes força para criar sempre mais.

Então, os grandes gênios criativos simplesmente produziam uma idéia perfeita após outra idéia perfeita? Não, de modo nenhum! Eles produziam *idéias.* Muitas delas não eram especialmente brilhantes, mas foi o 'não brilhante' que possibilitou que o brilhante emergisse.

Produzindo idéias constantemente, sem levar em conta a qualidade, os grandes gênios criativos estavam na verdade garantindo a produção de mais qualidade. Estavam permitindo e facilitando a comunicação entre os seus cérebros esquerdo e direito para produzir um processo de pensamento 'multiplicador', sinérgico, típico de todos os que sabem 'usar a cabeça'!

O nosso guia para a genialidade, Leonardo, foi um exemplo perfeito disso. Em seus cadernos, ele literalmente 'rabiscava' com qualquer pensamento casual que lhe viesse à mente, e desse ele passava para as idéias 'geniais'.

Thomas Edison, grande discípulo de Leonardo, pensava da mesma maneira. Para Edison, criatividade era simplesmente um trabalho árduo bom, honesto e agradável. Ele descrevia o Gênio Criativo como '1 por cento de inspiração e 99 por cento de transpiração'. E praticava o que pregava! Edison realizou **9.000** experimentos para aperfeiçoar a lâmpada elétrica e mais de **50.000** para inventar a pilha de bateria.

Outro exemplo da pertinácia de Edison em gerar idéias, fossem quais fossem, pode ser visto no museu do seu laboratório em Nova Jersey. Passando pelas diversas salas, você vê uma série espantosa de centenas de diferentes fonógrafos, de quase todo tipo de material, forma, construção e dimensão imagináveis. Eles se parecem com uma coleção de estranhos seres alienígenas, com formas que vão do redondo ao quadrado, ao multiangular, ao corpulento, ao baixo, ao alto, ao fino, ao reto, ao curvo e, em termos estéticos, do feio ao bonito.

Edison rejeitou a maior parte desses modelos: eles são conservados como símbolo de louvor ao seu empenho em experimentar, arriscar e tentar incessantemente até encontrar a solução ideal que buscava.

A atitude de Edison com relação ao 'fracasso' (que devíamos todos imitar) era ideal. Por exemplo, quando um assistente lhe perguntou por que ele persistia na tentativa de descobrir um filamento mais resistente para a lâmpada, embora tivesse falhado centenas de vezes, Edison mostrou calmamente que não havia falhado *uma vez* sequer! Com todas as tentativas, ele descobrira milhares de coisas que não funcionavam, em sua caminhada para descobrir, inevitavelmente, a única que funcionasse.

extração de ouro

O processo de geração de uma idéia criativa é muito parecido com a garimpagem de ouro. As partículas de ouro são apenas algumas entre os milhares de pedras ou grãos de areia depositados nos leitos dos rios. No rio da mente acontece exatamente a mesma coisa.

As pedras ou os grãos de areia representam todas as idéias que podem ser utilizadas. Para extrair o ouro (a grande idéia criativa ou a nova solução criativa) você precisa peneirar *todos* os grãos (idéias) que estão no leito do rio da sua mente para descobrir as verdadeiras pepitas valiosas.

Os grandes gênios criativos sabiam disso e por isso geravam centenas de idéias, separando *delas* as pepitas. Dean Keith Simonton realizou um estudo sobre 2.036 cientistas criativos através da história, e descobriu o que então foi uma surpresa — mas que agora você pode compreender perfeitamente: os cientistas mais respeitados produziam não somente os melhores trabalhos, mas também mais trabalhos *ruins* do que os outros cientistas.

Em outras palavras, os grandes simplesmente produziam *mais* e então selecionavam, dentre toda a produção, a melhor.

Assim, agora você conhece o segredo da Produtividade Criativa: gere mais idéias em grande velocidade, e você aumentará tanto a quantidade quanto o poder do seu Pensamento Criativo.

É hora de praticar isso através de um Exercício de Criatividade.

exercício de criatividade

1 Desenvolva a sua Velocidade de Pensar

A maioria das pessoas pensa num ritmo 'normal', que na verdade é o mais lento do seu espectro de possibilidades. Sabendo disso, e dando mais atenção à velocidade do seu pensamento, você descobrirá que a sua velocidade criativa começará naturalmente a aumentar.

2 Lembre-se — A sua Capacidade de Gerar Idéias é Infinita

Você se lembra do exercício 'DIVERSÃO' do Capítulo 3? Talvez, então, você também se lembre da capacidade infinita que teve para inventar desculpas para não ler as revistas ou livros que tinha intenção de ler, ou de realizar alguma outra tarefa com que tenha se envolvido mas que também ficou incompleta?!

Faça uma retrospectiva da sua vida e identifique todas as coisas que você realizou e que, por definição, eram Criativas. Quanto mais profundamente você compreender os seus poderes criativos infinitos, tanto mais o seu cérebro abrirá naturalmente suas próprias comportas criativas.

3 Veja as Relações Entre as Coisas mais Rapidamente

Nas páginas 108 e 109 você encontrará inúmeras palavras-chave distribuídas aleatoriamente. O Jogo de Fluência aqui consiste em pegar ao acaso qualquer palavra e fazer associações entre ela e qualquer outra das demais.

Para cada par, procure pensar em pelo menos cinco semelhanças que existem entre elas — quanto mais disparatado, melhor! Se conseguir encontrar dez semelhanças entre duas palavras quaisquer, você está se dando excepcionalmente bem; quinze, você faz parte daquele 1 por cento de pessoas que estão no topo do mundo; e se você encontrar de vinte para cima, você já está demonstrando Gênio Criativo nesta área!

(O Capítulo 8 contém outros aspectos sobre o cérebro e a capacidade que ele tem de fazer associações.)

4 Aperfeiçoe o seu Vocabulário

O aumento do seu vocabulário com apenas uma palavra por dia lhe dará mais de 360 palavras novas por ano! Isso significa que você terá em sua mente mais de 360 novos centros para associação à espera de quaisquer possibilidades para idéias, para captá-las e apanhá-las (associá-las).

Isso aumentará tanto o volume como a velocidade das idéias.

5 Exercício de Velocidade com Blocos de Armar

Reveja o Exercício de Criatividade no Capítulo 4, e procure refazer o exercício com os blocos de armar da página 80, agora acrescentando a urgência da velocidade. Cronometre o tempo enquanto faz o exercício, e uma vez por semana, ou uma vez por mês, tente novamente um exercício semelhante, procurando reduzir progressivamente o tempo necessário para chegar a uma determinada forma. Este exercício é extremamente útil para manter os Músculos Mentais Criativos em boa forma.

6 Tempestade de Idéias Individual

Ao praticar a técnica de tempestade cerebral com qualquer assunto, apenas deixe as idéias fluir. Gere tantas idéias quantas puder, com a rapidez que conseguir, evitando julgar, nessa fase, se são boas ou más, práticas ou fantasiosas.

'Editar' e criticar a si mesmo constantemente à medida que gera novas idéias é um hábito muito comum e um caminho perfeito para sufocar a sua criatividade!

7 Tempestade de Idéias em Grupo

Aqui o procedimento é idêntico ao anterior, exceto que é necessário providenciar que todos os participantes se sintam à vontade para expressar qualquer idéia que lhes ocorra, por mais bizarra que seja.

Se alguém no grupo começar a criticar uma idéia, assuma imediatamente a função de líder criativo, dizendo: 'Sim, sim, essa é uma boa análise, mas vamos deixá-la para a etapa seguinte. Vamos continuar 'gerando idéias!'

8 Reduza para Acelerar!

Lembre-se novamente de como você está quando surgem aquelas explosões de idéias criativas, aquelas cascatas repentinas de lembranças maravilhosas e aquelas revelações inesperadas de soluções para problemas.

Relaxado e, com freqüência, sozinho.

Para aumentar a sua Fluência Criativa, procure propiciar a si mesmo oportunidades regulares para inserir-se nessas situações 'lentas' quando, ao mesmo tempo que o seu *corpo* descansa, o seu *cérebro* acelera e faz todo o trabalho para você!

9 Tenha Sempre Blocos de Notas de Mapas Mentais com Folhas em Branco

Deixe esses blocos em locais onde essas explosões de idéias costumam acontecer; por exemplo, sobre o criado-mudo, sobre a mesa de trabalho, no carro, etc. Ou leve sempre um bloco com você. No instante em que tiver 'Explosões Criativas', anote-as imediatamente na forma de Mapa Mental (Capítulo 3). Você descobrirá que o simples fato de ter os blocos de anotações à mão estimulará o seu cérebro a produzir mais pensamentos criativos, assim como ter um lanche à mão o tenta a mordiscar!

10 Estabeleça Metas

Em sessões tradicionais de tempestade cerebral, a pessoa comum tem de sete a dez idéias criativas; em dois dias um grupo normal tem 120 idéias.

Se você como indivíduo estabelecer para si mesmo a meta de vinte a quarenta idéias, e vocês como grupo uma meta de duzentas a quatrocentas idéias, você forçará o cérebro a conceber mais idéias do que ele faria normalmente. Quanto mais idéias você gerar, maior a probabilidade (como você agora sabe) de descobrir o ouro!

rio

filho

laranja

pássaro

espada

unha

jarra

nave espacial

caneta

boca

lâmpada

lua

folha

ônibus

rã

besouro

pedra

sol

relógio

peito

violão

flexibilidade e originalidade criativas

capítulo sete

Até aqui você aprendeu que o seu cérebro é um instrumento super-sinérgico programado para ser Criativo, e que reunindo os lados esquerdo e direito você multiplica milhares de vezes o seu Poder Criativo, especialmente no que diz respeito a tornar os pensamentos visíveis por meio de Mapas Mentais.

Além disso, agora você sabe que é artística e musicalmente criativo, por natureza, e que o seu potencial para a Produtividade Criativa é absoluto e infinito.

Neste capítulo você aprenderá a sair dos limites estreitos em que a maioria das pessoas está encerrada. Eu lhe mostrarei técnicas para observar as coisas a partir de diferentes perspectivas. Além disso, você aprenderá a assumir a incrível singularidade que já possui para tornar-se ainda mais singular — mais original.

Em resumo, você aprenderá os excepcionais Princípios Criativos da Flexibilidade e da Originalidade.

expandindo a sua flexibilidade e originalidade

No Pensamento Criativo, a Flexibilidade é muito parecida com a flexibilidade física: significa que o seu cérebro é capaz de operar com fluidez e sem esforço em todas as direções e em todos os ângulos.

Originalidade criativa é a capacidade maior ou menor que o seu pensamento tem de ser realmente diferente, especial, único, inusitado e distante do comum.

Ao refletir sobre 'originalidade', é bom demorar-se com a palavra 'excêntrico'. O que significa 'excêntrico' efetivamente? *'Ex'*, distante do, *'cêntrico'*, centro. Assim, excêntrico é simplesmente alguém que está 'distante do centro', isto é, não normal. No Pensamento Criativo, ser 'não normal' é exatamente o grande objetivo a alcançar!

Como se consegue isso?

Há três modos principais.

1 Ver as Coisas de Pontos de Vista Diferentes

Uma pessoa normal quase sempre vê as coisas de um único ponto de vista — em geral o ponto de vista dela mesma. O Gênio Criativo pode ver as coisas de um número infinito de perspectivas, ângulos e pontos de vista. Essa capacidade de ver as coisas de pontos de vista diferentes é uma qualidade necessária do gênio em áreas tão extensa e amplamente diferentes como poesia, teatro, educação e liderança. Alguns bons exemplos servem de ilustração:

Biografias Notáveis — Ted Hughes

O poeta inglês laureado foi um dos grandes Poetas da Natureza. Mais do que fazer poesia sobre a natureza, os animais e os seres vivos a partir do seu ponto de vista pessoal, Hughes escrevia da perspectiva deles. Em seus poemas, ele entrava na mente de raposas, touros, onças e de milhares de pássaros e peixes.

Veja como Hughes penetrou na mente de um salmão no auge da força e vitalidade desse peixe:

On the surge-ride of energy, weightless,
Body simply the armature of energy
In that earliest sea-freedom, the savage amazement of life,
The salt mouthful of actual existence
With strength like light.[1]

Biografias Notáveis — Jodie Foster

Jodie Foster foi atriz durante toda a sua vida — uma profissão em que se colocar no lugar de outros é requisito fundamental. Ela estrelou o seu primeiro comercial na TV quando tinha apenas 3 anos de idade e foi indicada para o primeiro Oscar aos 14 anos, pelo papel desempenhado em Motorista de Táxi. Nos últimos trinta anos, ela representou cerca de cinqüenta papéis, destacando-se os da vítima em O Acusado e da agente Starling, em O Silêncio dos Inocentes.

Não satisfeita em ver-se apenas encarnando centenas de diferentes personagens, Foster, na década de 1990, deslocou o seu ponto de vista indo para trás das câmeras para dirigir e produzir seus próprios filmes, todos do agrado da crítica. Ela também observa a vida das perspectivas de uma graduada por Yale, de uma mãe e de uma executiva astuta.

---

[2] Na onda de energia, imponderável,/O corpo simplesmente a armadura de energia/Naquela liberdade primeira do mar, o assombro selvagem da vida,/O sorvo de sal da existência real/Com força como luz.

Biografias Notáveis — Maria Montessori

Nos últimos anos de 1800 e inícios de 1900, uma extraordinária jovem italiana, Maria Montessori, teve uma revelação rara. Ela já adquirira notoriedade por tornar-se a primeira mulher da Itália a formar-se em medicina, o que aconteceu há pouco mais de cem anos.

Maria interessava-se de modo particular por crianças, e foi em visitas a jardins-de-infância e escolas primárias que ela observou fatos que, mais tarde, a levariam a criar um método pedagógico que transformaria o modo de pensar do mundo sobre a educação infantil.

Ela percebeu que *tudo* nas escolas era construído e ensinado do ponto de vista dos *adultos*: as cadeiras e carteiras eram muito altas, grosseiras e pesadas; a ordem das coisas era rígida — as regras de comportamento se baseavam no exército! A cor praticamente inexistia ou era levemente 'oficial'; a natureza era desconhecida; o silêncio era a regra; perguntas eram proibidas; as únicas matérias ensinadas eram leitura, redação e aritmética; e a *Criatividade estava totalmente ausente*!

Maria se colocou na mente de crianças de quatro ou cinco anos de idade e criou um universo novo para elas.

Nas escolas Montessori, as cadeiras, as carteiras e as mesas são projetadas para gente pequena; as salas de aula são cheias de cor, de coisas bonitas de se ver, de texturas diferentes e de cheiros variados; a natureza se torna parte da sala de aula na forma de plantas, aquários e animais de estimação; o movimento é estimulado; as perguntas, recompensadas; e a jovem mente criativa e indagadora tem todas as oportunidades para explorar, expressar-se e desenvolver-se.

Bastou que uma só pessoa observasse as coisas de um ponto de vista diferente para que os sistemas educacionais do mundo inteiro começassem a se transformar.

Biografias Notáveis — Alexandre Magno

Alexandre Magno, cuja Criatividade incessante em inventos militares e em estratégias bélicas conquistou-lhe o título de maior comandante e líder militar de todos os tempos, era brilhante em ver as coisas de múltiplos pontos de vista — e não apenas dos de outras pessoas, mas também de animais.

Apresentaram a Alexandre um cavalo enorme, Bucéfalo. Ninguém até então conseguira montar e cavalgar no animal, e todos imaginavam se o grande Alexandre finalmente encontraria um antagonista à altura.

Não encontrou!

Diferentemente dos outros que simplesmente haviam usado a força bruta contra esse garanhão gigantesco, Alexandre procurou entrar na mente do animal. Ele percebeu que Bucéfalo tinha medo de uma coisa — sua própria sombra. Assim, Alexandre tomou as rédeas do cavalo e virou-o contra o sol. Logo que a sombra desapareceu e Bucéfalo se acalmou, Alexandre pôde montar nele e domá-lo.

Biografias Notáveis — Martin Luther King

O grande líder dos Direitos Civis dos Negros nas décadas de 1950 e 1960 participava incansavelmente de campanhas em defesa da justiça social e contra a discriminação e segregação raciais entre pretos e brancos nos Estados Unidos. Sua liderança carismática e os seus discursos inflamados inspiraram dezenas de milhares de pessoas, tanto nos Estados Unidos como em outros países do mundo, a participar de ações diretas não violentas para despertar a consciência dos governantes.

King falava da necessidade de se ver as coisas da perspectiva do outro: da posição dos pobres negros desempregados que procuravam encontrar um trabalho nos mesmos termos dos seus vizinhos brancos; da visão dos pobres trabalhadores brancos preocupados com o sustento de suas famílias; e do ponto de vista de presidentes e políticos que se empenhavam em agradar diferentes camadas de eleitores. Ele pôde realizar tantas boas ações porque tinha a capacidade de ver a situação e os problemas pondo-se no lugar das pessoas.

2 Estabelecer Relações Criativas

Além de ver as coisas de pontos de vista diferentes, os grandes gênios criativos eram capazes de relacionar as coisas de uma maneira que até então ninguém sequer imaginara. Novamente, alguns exemplos esclarecedores:

Biografias Notáveis — Isaac Newton

Todos sabem que Isaac Newton teve a inspiração de criar as Leis da Gravitação Universal quando uma maçã caiu sobre a sua cabeça. Esse mito comum é quase exato, mas não totalmente. A história real é de fato muito mais interessante.

Como o próprio Newton relatou, ele concebeu a sua teoria quando viu uma maçã cair (*não* sobre a sua cabeça!) no mesmo momento em que percebeu a Lua suspensa no céu.

As perguntas simples, quase infantis, que lhe ocorreram foram: 'Por que a maçã caiu?' e, mais importante, 'Por que a Lua não cai?' 'A mesma lei que faz a maçã cair aplica-se à Lua?'

Foi a busca de uma relação entre os destinos dessas duas 'bolas' muito diferentes que desencadeou os processos de Pensamento Criativo de Newton e que o levou a desenvolver a teoria que continua sendo a essência da engenharia e ciência mais modernas.

Biografias Notáveis — Gregor Mendel

O botânico e monge austríaco do século XIX, Gregor Mendel, passava muitas horas no jardim do seu mosteiro devaneando e contemplando as belas e diferentes cores das flores da erviha-de-cheiro, quando uma conexão extraordinária iluminou-se em seu cérebro: ele percebeu que o aspecto das diferentes cores parecia estar ligado e relacionado a uma simples progressão matemática.

Com base nessa observação simples, brilhante e *conectiva*, Mendel pôde derivar as Leis das Características Hereditárias (por que e com que probabilidade temos olhos azuis ou castanhos, etc.) que por fim deram início à indústria multibilionária que hoje é a engenharia genética.

Biografias Notáveis — Leonardo da Vinci

Como sempre, o nosso guia criativo Leonardo da Vinci está aqui! Descobrir novas combinações era uma das grandes qualidades criativas de Leonardo. Uma delas, particularmente interessante, foi a observação de que, quando as folhas caíam no outono, elas formavam camadas alternadas, as folhas mais velhas, mais decompostas, formando camadas mais escuras; as mais frescas, caídas mais recentemente, formando camadas mais claras.

Leonardo relacionou essa observação com as camadas de cores diferentes dos rochedos e das encostas montanhosas áridas. Com isso ele descobriu um dos conceitos básicos da ciência da geologia!

3 Inverter as Coisas

Outra maneira interessante de descobrir novas combinações é a arte criativa da *inversão*. Na inversão, você simplesmente toma o que existe e considera o oposto. Em geral, você descobre que isso produz resultados extraordinariamente úteis e inusitados.

Biografias Notáveis — Mohammed Ali

Muitos consideram Mohammed Ali como o maior desportista dos últimos cem anos. Ali usava a técnica do Pensamento Criativo da inversão para benefício próprio.

Todos diziam que homens pesados não sabiam dançar — ele dançava!

Todos diziam que é preciso manter sempre as mãos erguidas ao lutar boxe — Ali as mantinha abaixadas!

Todos diziam que homens grandes não conseguem ser rápidos — Ali se tornou o boxeador mais rápido de todos os tempos!

Foi a capacidade de Ali de inverter o pensamento tradicional que lhe deu condições de levar este esporte a níveis criativos totalmente novos.

Outro atleta famoso fez algo semelhante

Biografias Notáveis — Dick Fosbury

Na década de 1960, Dick Fosbury, um jovem americano praticante de salto em altura, fora treinado, como todos os demais, a 'mergulhar' por cima da barra com o rosto e o peito para baixo. Fosbury se fez a pergunta inversa: 'O que aconteceria se eu passasse por cima da barra virado de costas?'

A resposta foi que ele conseguiu saltar mais alto! Com um simples ato de pensamento inverso, Fosbury não apenas descobriu uma técnica de salto totalmente nova, mas ainda transformou esse esporte para sempre, e ficou imortalizado com o nome da sua nova técnica revolucionária, o 'Fosbury Flop'.

Biografias Notáveis — Michelangelo

Michelangelo, provavelmente o maior escultor que já existiu, também praticava o Pensamento Inverso. Enquanto a maioria dos escultores e professores de escultura pensava (e com freqüência ainda pensa) que o propósito do escultor era impor uma forma a um bloco de mármore informe, Michelangelo pensava o contrário. Para ele, a forma perfeita já estava na pedra. A sua tarefa consistia em desbastar o mármore desnecessário e libertar a forma já existente da sua prisão de pedra!

Pensando desse modo, Michelangelo tornou a sua tarefa muito mais fácil conceitualmente: em vez de impor a sua vontade à pedra resistente, ele se tornava simplesmente um servo da imagem, aparando para revelar a beleza que se ocultava sob a superfície.

Como você está agora mais consciente por ter aprendido a ver as coisas de pontos de vista diferentes, a estabelecer novas relações e a inverter conceitos, você pode criar idéias novas extraordinárias.

Fazendo isso, é óbvio que você se tornará uma pessoa diferente, mais rara, mais distante do normal, mais original e única. Você se torna uma pessoa a quem os outros se referirão como alguém especial, criativo e, inclusive, genial!

Exercício de Criatividade

1 Ouça!

Quando alguém estiver lhe explicando alguma coisa, ou tentando apresentar-lhe uma determinada opinião sobre um argumento ou a interpretação de um problema, não somente ouça o que ele diz, mas *ouça 'quem ele é'*. Procure ver totalmente do ponto de vista dele o que ele está tentando explicar.

Quando conseguir isso, você se tornará cada vez mais conhecido como um 'bom ouvinte', uma pessoa interessada e interessante, um amigo confiável, e alguém que deixa os outros à vontade. Ao mesmo tempo, você estará melhorando tanto a sua memória do que é dito como o seu poder criativo de ver as coisas de perspectivas múltiplas.

2 Coloque-se no Lugar do Outro

Isso não significa apenas criar empatia com as idéias da outra pessoa — tente e veja as coisas do ponto de vista dela também. Sempre que vir um animal, faça como Ted Hughes e procure ver o mundo (e a si mesmo!) do ponto de vista dele. Use a imaginação para ver-se estando no lugar das coisas — por exemplo, qual é o ponto de vista da colher com a qual você toma a sua sopa? Qual é o ponto de vista da bola que você está para lançar? Qual é o ponto de vista do chapéu que você está usando? Qual é o ponto de vista do carro que você está dirigindo? Qual é o ponto de vista do inseto que você está observando? Qual é ponto de vista da estrela que você está vendo?

3 Inverta a sua Vida!

Observe a sua vida e todos os aspectos e atividades que a envolvem e reflita sobre cada um deles, invertendo tudo! Este exercício lhe dará uma percepção renovada de quem você é e do que faz, e lhe permitirá operar mudanças quando apropriado e deixar as coisas como estão quando perceber que elas são adequadas e compensadoras para você. Leve em conta as suas roupas, amigos, comidas, locais, atividades culturais e ocupações desportivas. Se você vai à academia de ginástica à noite, procure ir pela manhã, antes do café. Mude a função dos cômodos da casa, de modo a dormir na sala de estar e desenvolver outros afazeres domésticos no quarto.

Você provavelmente resolverá deixar muitas coisas como estão; assim também, você provavelmente descobrirá que várias coisas, quando invertidas, podem tornar a sua vida muito mais feliz, criativa e enriquecedora.

4 Tente Novas Combinações de Coisas

Reorganize as coisas na sua casa e na sua vida diária. Saboreie novos tipos de comida; pense na possibilidade de decorar uma sala com cores e tecidos que normalmente não pensaria em usar; redistribua a mobília; inicie um novo passatempo e amplie o seu círculo social.

5 Aprenda a Contar Anedotas Espirituosas

Se pensar um pouco sobre essa questão, você descobrirá que algumas das melhores anedotas são aquelas em que duas coisas desconexas são ligadas de forma nova e jocosa, ou em que conceitos padronizados são invertidos de modo a desencadear gargalhadas incontroláveis. O humor é uma atividade extremamente criativa; por isso, quanto mais você puder estar ao lado de pessoas que brincam e riem regularmente, melhor será para o seu Poder do Pensamento Criativo.

6 Estabeleça Relações

Na sua vida diária, tome dois objetos diferentes ao acaso e procure estabelecer uma conexão humorística ou espirituosa entre eles.

Por exemplo, como você ligaria os conceitos de boxe e insetos? Mohammed Ali fez isso com a frase *'Flutue como uma borboleta, pique como uma abelha!'*

7 Interligue as Diferentes Atividades da sua Vida

Thomas Edison é um excelente exemplo disso. O laboratório científico e experimental de Edison era uma enorme construção parecida com um celeiro, com muitas mesas e bancadas diferentes, cada uma destinada a um projeto diferente sobre o qual ele estava trabalhando.

Edison planejava a sua oficina desse modo para que cada projeto em andamento se relacionasse, em sua mente, com todos os demais. Ele acreditava que qualquer coisa que fizesse em um experimento poderia ter alguma ligação inesperada com os outros. Ele descobriu que esse modo de agir o ajudava sobremodo a criar novas idéias.

A aplicação dessa técnica irá ajudá-lo a perceber que a sua vida é muito mais integrada do que você pode imaginar, e também vai lhe proporcionar a oportunidade de enriquecê-la com novos acréscimos criativos.

8 Brinque com Jogos em Novas Combinações

Em festas ou em ocasiões festivas, peça a todos os participantes que descubram as relações mais incomuns entre quaisquer determinados objetos numa situação.

9 Aplique as Técnicas Aprendidas Aqui para Criar Mais Idéias Originais

Repasse rapidamente *O Poder da Inteligência Criativa* e faça novas associações entre os vários capítulos. Em seguida, procure inverter os pensamentos!

o seu cérebro: a 'máquina de associação' perfeita – pensamento expansivo e radiante

capítulo oito

Neste capítulo, você vai aprender o segredo fundamental de todo Pensamento Criativo e vai jogar Jogos de Pensamento Criativo que lhe propiciarão vislumbres extraordinários com relação às operações, ao potencial e ao poder do seu Cérebro Criativo.

Até aqui, você já deve ter percebido que existe uma chave para todas as idéias que foram estudadas nos capítulos anteriores — a ASSOCIAÇÃO.

A Fluência, a Flexibilidade, a Originalidade e as Técnicas de Inversão baseiam-se todas nessa palavra mágica. É o segredo que todos os grandes Gênios Criativos usaram para realizar os seus feitos.

A associação guarda o segredo de como, essencialmente, o seu cérebro pensa. É o segredo que, uma vez conhecido e bem aplicado, revelará os tesouros criativos inesgotáveis para você explorar pelo resto da sua vida.

Por isso, este capítulo é dedicado a um Exercício de Criatividade mais extenso, com atividades que irão entretê-lo, desafiá-lo, informá-lo e diverti-lo.

exercício de criatividade

1 Exercite o seu Poder Criativo de Fluência

Leia rapidamente os Exercícios de Criatividade dos sete capítulos precedentes e assinale com um asterisco aqueles em que você identifica a Associação como elemento principal.

2 Associação — Auto-avaliação

Neste jogo de Associação, imagine-se ser um supercomputador. Você será solicitado a acessar uma informação e a examinar algumas coisas sobre ela e sobre você mesmo. Depois de observar os 'dados' e de tê-los 'acessado', deixe-os fluir em sua mente por algum tempo e observe as Associações que eles produzem.

Ao receber a informação (é um nome), você deve fazer-se as seguintes perguntas:

- Consegui reconhecer a pessoa portadora desse nome (i.e., acessar os dados) com sucesso?
- De quanto tempo precisei para 'conseguir' a informação?
- A informação que recuperei estava representada no meu cérebro por palavras ou por uma imagem?
- Onde estava a imagem que acessei?
- Essa imagem tinha alguma cor?
- Em caso afirmativo, de onde a cor procedia?
- Com o que eu a vi?
- Quais eram as Associações que irradiavam dela?

Quando estiver pronto, vá para a página 133 e você encontrará um nome escrito em letras maiúsculas e em negrito. Depois de registrá-lo, feche o livro, e deixe a Associação vaguear. Responda então às perguntas que você acabou de ler.

A maioria das pessoas responde 'Sim' à primeira pergunta.

Para a segunda pergunta, as pessoas geralmente estalam os dedos, significando instantaneamente.

Pense por um instante sobre o que esse estalo de dedos significa *realmente.* As pessoas estão dizendo que, de um banco de dados de um trilhão de bits (as memórias fenomenais de suas vidas até o momento), elas acessaram ao acaso um banco de dados inteiro 'assim, num estalar de dedos'! Se conseguir explicar como o cérebro humano executa esse processo espantosamente complexo de recriar imagens, você ganhará um Prêmio Nobel 'assim, num estalar de dedos'!

Se conseguir explicar onde a pessoa citada esteve se escondendo durante todo o tempo até você resolver fisgá-la, você ganhará outro Prêmio Nobel! Além disso, se conseguir explicar onde a pessoa realmente está em sua cabeça, de onde a cor associada vem, como você pode ver a imagem da pessoa, e com o quê (obviamente não é com os seus olhos), você ganhará outro, e um quarto e um quinto Prêmio Nobel!

Quando você conversa durante o chá ou o café, ou com amigos no bar, o seu cérebro e o dos seus interlocutores realizam uma série de tarefas associativas numa velocidade tal e com tamanha eficiência e tranqüilidade, que você nem sequer percebe que aquilo que está fazendo é algo que nenhum supercomputador nem mesmo começaria a executar e que nenhum dos grandes cientistas do mundo consegue ainda explicar.

O seu cérebro é um milagre associativo!

Como você perceberá, o exercício que acabou de fazer é semelhante ao da 'DIVERSÃO', realizado no Capítulo 3, e é outro exemplo de como o seu cérebro cria imensos Mapas Mentais internos que são infinitos em seu potencial de expansão.

3 Mapa Mental

De agora em diante, faça um Mapa Mental *sempre que* tiver uma tarefa que envolva o pensamento. A partir do exercício precedente, você perceberá que a prática de fazer anotações lineares não é apenas uma prisão, mas se parece um pouco com uma série de talhos dadas com uma espada samurai que cortam os seus pensamentos pela base. Os Mapas Mentais lhe possibilitam explorar os infinitos universos associativos que o seu cérebro pode criar. Use-os!

4 O Princípio da Conexão

O Princípio da Conexão foi uma das pedras angulares na fórmula de Leonardo da Vinci para o desenvolvimento de uma grande mente criativa. Basicamente, esse princípio diz que 'tudo está conectado com tudo'. Nas palavras de Leonardo: 'Tudo provém de tudo, tudo é feito de tudo, e tudo volta a tudo.'

Você concorda?

Se você pertence à pequena minoria que não concorda, tudo o que tem de fazer para refutar Leonardo é encontrar duas coisas quaisquer que de alguma maneira *não* se conectam.

Leonardo utilizou o seu Princípio da Conexão para chegar a vislumbres extraordinários sobre a natureza do mundo que nos cerca. Esses vislumbres se tornaram os fundamentos de grande parte da ciência moderna.

A seguir, duas Conexões de Leonardo. Primeira:

'Observe como os movimentos da superfície da água se parecem com os dos cabelos, que têm dois movimentos: um tem a sua origem no peso do cabelo; o outro, nas ondas e nos cachos. Do mesmo modo, a água tem suas ondulações turbulentas, uma parte das quais segue a força da corrente principal, e a outra obedece ao movimento dos incidentes de reflexão.'

E:

'No ponto onde toca a superfície da água, a pedra produz em torno dele círculos que se propagam até desaparecer; a mesma coisa acontece com o ar que, quando atingido por uma voz ou por um ruído, também forma um movimento circular.'

Siga o exemplo de Leonardo. Procure descobrir conexões entre *todas as coisas.*

5 O Jogo dos Não-Usos de um Clipe

Reserve cinco minutos do seu tempo para o seguinte Jogo de Criatividade.

Durante cinco minutos, escrevendo com toda a rapidez possível, aplique a técnica da tempestade de idéias para fazer um levantamento de todas as coisas para as quais um clipe não pode, de maneira nenhuma, ser usado.

Enquanto faz o exercício, use todas as ferramentas possíveis que você conheceu em *O Poder da Inteligência Criativa.* Ponha em ação tudo o que o seu cérebro poderoso pode lhe oferecer, especialmente o que você aprendeu sobre a sua capacidade infinita e as informações sobre Fluência, Flexibilidade, Originalidade e Associação.

Quando estiver pronto, comece o exercício. Ao terminá-lo, totalize o número de idéias obtidas. Faça um círculo ao redor daquelas que você considera como as mais criativas e então continue lendo.

Nos jogos tradicionais de Pensamento Criativo, qualquer número de idéias geradas acima de dez é considerado bom. Acima de vinte é considerado excelente.

No entanto, no jogo que você acabou de completar há um resultado estranho: tanto a pontuação alta como a baixa são consideradas excelentes!

Obviamente, a geração de muitas idéias é excelente, no sentido de que isso prova que as suas habilidades cerebrais de Fluência, Flexibilidade, Originalidade e Associação estão operando bem.

Há pessoas, porém, que acham que essas mesmas habilidades produzem nelas um conflito interno que na verdade reduz a sua produtividade. Por exemplo, certa vez, quando apliquei esse jogo a um grupo, uma pessoa achou que um clipe não poderia, de maneira nenhuma, ser usado para beber líquidos. Ela então, debatendo consigo mesma, concluiu que seria possível mergulhar o clipe numa sopa cremosa e, apesar da lentidão, ainda assim seria possível tomar a sopa com o clipe.

Agora volte às suas idéias sobre o não-uso do clipe, especialmente às melhores, e comece a debater consigo mesmo, perguntando-se: 'Eu poderia, de *alguma* maneira, usar um clipe neste caso?' Faça um teste das melhores idéias com os seus amigos.

6 Causa e Efeito

Causa e efeito, os fundamentos da ciência moderna, novamente dependem da espantosa capacidade do cérebro para fazer Associações.

Uma causa é uma coisa que se *conecta* logicamente a outra. Você pode exercer o poder da sua Inteligência Criativa criando 'causas' múltiplas e imaginárias para 'efeitos'. Por exemplo, se você vê uma pessoa irritada, pense, para essa pessoa em particular nessa Associação específica, em pelo menos dez causas por que ela pode estar irritada.

Assim também, se você vê um bando de pássaros revoar subitamente num ângulo fechado, pense em pelo menos cinco razões por que podem ter feito isso. E assim por diante!

Um Jogo de Imaginação assim preencherá a sua vida com momentos Criativos maravilhosos e aumentará o seu poder de imaginação, a sua redação criativa e a sua narração criativa. Na verdade, alguns dos melhores escritores de romances policiais e de espionagem começam com a premissa de que se isso ou aquilo ocorreu, o que aconteceria se o ocorrido causasse tal e tal coisa?

7 Entretenha-se com Jogos de Associação

Neste Jogo de Associação, escreva uma ocupação e um objeto importante associado a ela. Por exemplo: golfe — taco; escritor — caneta; pescador — rede; lixeiro — lata de lixo; programador de computador — computador; jogador de futebol — bola; policial — carro de polícia; apresentador de televisão — televisão; açougueiro — faca; e assim por diante.

Em seguida, misture as ocupações e os objetos associados a elas e crie cenários imaginários que expandam criativamente essas novas associações.

Esse é um jogo muito bom para jogar com amigos. Vocês chegarão a alguns resultados engraçados e a muito riso! Você pode inventar um número infinito de jogos baseados no mesmo princípio.

8 Use Associações para Melhorar a sua Memória

Quais são as duas pedras basilares da sua memória? *Associação* e *imaginação*. Estive trabalhando recentemente nesta área do cérebro e da inteligência e descobri que a Criatividade e a Memória não se opõem, como muitas vezes se julga. Elas são *idênticas*. Na Criatividade você faz Associações com o objetivo de *criar* novas idéias. Na Memória você faz Associações para *recriar* idéias!

Por isso, de agora em diante, use tudo o que aprendeu em *O Poder da Inteligência Criativa* para aumentar o poder da sua Memória recriadora! Por exemplo, ao estacionar o carro, associe-o com alguma coisa no ambiente (não o carro ao lado! A coisa com que você faz a associação deve ser estável!) Igualmente, quando guarda as chaves, a carteira, o passaporte, a pasta, o paletó ou o guarda-chuva, faça a mesma coisa: Associe esse objeto importante para você com o ambiente; você se lembrará (recriará) do ambiente em que o colocou e onde ele se localiza nesse ambiente.

As pessoas que se lembram sem esforço dos nomes de estranhos que encontram em festas muitas vezes aplicam essa técnica — associam a pessoa e o nome com alguma coisa que podem lembrar/recriar mais tarde.

9 Faça Experimentos com Associações em sua Vida Diária

Como fez no Exercício de Criatividade do capítulo anterior, faça experimentos com novas combinações em sua alimentação, em suas roupas, com os amigos, nas férias, etc. Dessa vez, tenha consciência de que, ao fazer isso, você está praticando com o poder dessa maravilhosa e infinitamente capaz Máquina de Associação — o Cérebro — e aumentando esse poder.

10 Jogo 'O Universo e Eu'

Neste exercício, você precisa se colocar 'no centro do universo Associativo'. A cada dia, tome um conceito ou idéia ao acaso, e gere cinco ou mais maneiras/idéias de como esse conceito aleatório se relaciona com você. Alguns apropriados para começar podem ser os seguintes:

A química e eu
O Sol e eu
A Lua e eu
Uma videocâmera e eu
Um pássaro e eu
Uma nave espacial e eu
O amor e eu
Um clipe e eu!
O planeta Terra e eu
A cor e eu

11 Você e os Animais

Outro Jogo de Associação muito interessante consiste em você se comparar com o maior número possível de espécies dentro das seguintes classificações: mamíferos, pássaros, peixes, répteis, insetos. Observe as semelhanças e as diferenças em cada caso. Veja que animais se parecem mais com você ou com os seus ideais.

Este é um belo jogo para passar o tempo com amigos e colegas. É também uma ótima forma de 'quebrar o gelo' ao encontrar pessoas que você ainda não conhece.

BILL CLINTON

você e Shakespeare – ambos poetas!

capítulo nove

Este capítulo mostra como você pode aplicar tudo o que aprendeu em *O Poder da Inteligência Criativa* para liberar o enorme poder da Criatividade Poética que existe dentro de você. Além de ser Artista e Músico por natureza, você descobrirá que é também um Poeta nato.

Você aprenderá uma técnica desenvolvida por mim e pelo falecido poeta laureado, Ted Hughes, para gerar tantos poemas quantos desejar!

Antes, porém, vou explicar como me convenci do poder criativo da poesia. (Pode lhe ser útil saber que nessa época meu principal interesse era a natureza e o ar livre.)

Na adolescência, meus amigos e eu menosprezávamos a poesia, considerando-a fraca, sem vigor, própria para tolos — nada a ver com vida, excelência, força ou poder.

Essa atitude se agravou com a nossa professora de inglês daquele período específico — uma solteirona pálida, freqüentemente doente, miúda e desalinhada que nos chamava de 'crianças' (nós? crianças?! — tínhamos 15 anos e sabíamos tudo!)

Ela sempre lia os poemas no mesmo tom inerte e entediante, e dizia que éramos todos rudes, insensíveis, destituídos de senso estético e de delicadeza. As aulas de inglês eram um desastre total, e nós aprendíamos menos do que nada.

Certo dia, ela entrou na sala com um volumoso livro de poesias. Para reações gerais de tédio e desespero, ela anunciou que iria ler seu poema preferido.

Ela disse: 'Vou ler para vocês um poema sobre um pássaro.'

Todos nos encolhemos e choramingamos ainda mais alto do que depois do primeiro anúncio.

'É um poema de Alfred Lord Tennyson.' (Mais lamúrias!)

Então ela começou, e no minuto seguinte a minha vida estava transformada. O poema contradizia tudo o que eu e os meus amigos pensávamos sobre poesia e utilizava com maestria todas as técnicas criativas que você aprendeu. O poema era sobre aquele modelo de perfeição entre os pássaros, a águia.

The Eagle

He clasped the crag with crooked hands;
Close to the sun in lonely lands,
Ringed with the azure world, he stands.

The wrinkled sea beneath him crawls;
He watches from his mountain walls,
And like a thunderbolt he falls.[1]

1. A Águia
Agarrada ao penhasco com garras recurvas;/Perto do sol em terras áridas,/Rodeada pelo mundo azul, ela se posta.
O mar ondulante lá embaixo se agita;/Ela olha do alto da montanha;/E como um meteoro, se lança.

Sentei atordoado. Naquele minuto eu me transformei de uma pessoa que odiava poesia em alguém que queria ter capacidade de transmitir, com igual intensidade e grandeza, as imagens, idéias e emoções que inundavam a minha mente, ansiosas por se expressar.

Ainda não tendo consciência naquela idade de que a imitação era uma etapa necessária da Criatividade, resolvi escrever o meu primeiro poema no estilo de meu herói, Tennyson.

A oportunidade se apresentou alguns dias depois, quando eu passeava por um píer onde vários pescadores lançavam os seus anzóis. Ao passar por um deles, ele enrolava a linha do molinete que fisgara um belo peixe nas cores cintilantes do arco-íris e da prata. Ele logo agarrou o peixe, firmou-o contra o chão metálico do píer e começou a bater-lhe a cabeça com o chumbo do anzol. Em poucos instantes, o esforço convulsivo do peixe cessou.

Estando perto, observei atentamente essa cena de vida e morte, e tive a impressão de que o peixe, enquanto agonizava, me olhava diretamente nos olhos. Senti-me culpado por não ter tentado salvá-lo. As sementes de meu primeiro poema estavam lançadas.

Voltei para casa um adolescente duplamente transformado, e escrevi o meu primeiro poema, *A Pesca,* que me lançou em minha carreira de Redação Criativa.

criatividade e poesia

Como vai ficando claro, a poesia envolve simplesmente a aplicação dos princípios da Fluência, Flexibilidade, Originalidade e Associação às suas relações com as palavras. A técnica foi usada por Ted Hughes, paralelamente aos Mapas Mentais.

Hughes aperfeiçoou um método para desenvolver o pensamento criativo e metafórico que utiliza sistemas de memória e Mapas Mentais. Primeiro ele ensinava aos seus

The Catch

It stares through me with glazing eyes;
The blood, congealing on them, dries;
As gasping one last breath, it dies.

The fish that once looked so divine
Lies smashed and dead, with broken spine.
I leave. The angler sorts his line.[2]

alunos sistemas de memória simples para provar-lhes que por meio do poder de Associação e Imaginação a memória podia se desenvolver até um nível de desempenho perfeito. Hughes frisava que, quanto mais bizarras (distantes da norma!) fossem as imagens, melhor seria o desempenho da memória.

Depois de quebrar o paradigma tradicional na imaginação dos alunos e de estimulá-los a devanear sem nenhum controle, ele os conduzia por um exercício muito parecido com aquele que você fez, de ligar palavras desconexas entre si (ver página 105).

Ele passava aos alunos dois objetos aparentemente sem nenhum nexo (como 'mãe' e 'pedra') e pedia que fizessem o exercício com um Mapa Mental, idêntico ao jogo 'DIVERSÃO' que você fez no Capítulo 3.

---

2. A Pesca
Ele me fixa com olhos vidrados;/O sangue, neles congelado, seca;/Arfando um último suspiro, se extingue.
O peixe, que antes parecia tão divino/Jaz golpeado e morto, a espinha partida./Eu me afasto. O pescador arruma sua linha.

Quando os alunos terminavam de gerar dez palavras para cada objeto, Hughes lhes pedia que tomassem uma palavra de um dos conceitos e encontrassem associações entre essa palavra e as dez palavras do outro. Daí eles passavam para a segunda palavra do primeiro conceito e encontravam associações com as dez palavras do segundo, e assim sucessivamente, até associarem todas as dez do primeiro objeto com todas as dez do segundo. Para espanto de todos, muitas associações eram absolutamente incomuns, muito imaginativas, provocativas e com freqüência bastante comoventes.

Na etapa seguinte, a partir de todos os pensamentos registrados, os alunos selecionavam as melhores idéias e com elas construíam uma afirmação criativa e original e, idealmente, um poema.

A 'oposição' 'mãe-pedra' era uma das suas preferidas, e eu dou como exemplo os dois Mapas Mentais (na página seguinte) que eu mesmo construí e o minipoema que resultou desse exercício.

Obrigado

Pedras preciosas envolvem seu colo.
Ela, a Jóia.
Em sua Coroa,
o Diamante da minha Mente.

Outra oposição preferida de Ted era entre uma pessoa e um animal. O exercício era o mesmo: encontrar dez idéias para a primeira palavra e dez para a segunda, e então descobrir as associações mais estimulantes.

Para entreter-se um pouco, retire ao acaso pares de 'opostos' do repertório de um dicionário e estabeleça pelo menos duas associações entre cada par à medida que prossegue — ou faça o exercício de elaboração do Mapa Mental com cada um e então crie um poema com o resultado obtido.

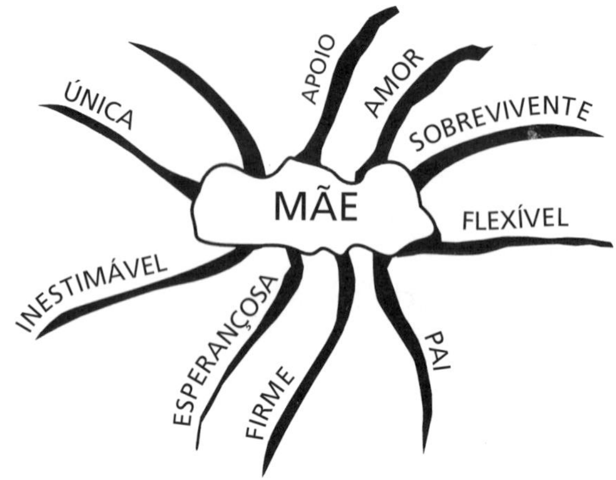
MÃE
ÚNICA
APOIO
AMOR
SOBREVIVENTE
FLEXÍVEL
INESTIMÁVEL
ESPERANÇOSA
FIRME
PAI

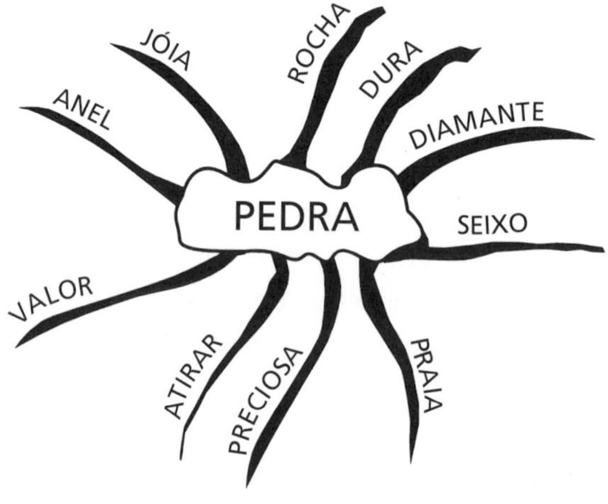
PEDRA
ANEL
JÓIA
ROCHA
DURA
DIAMANTE
SEIXO
VALOR
ATIRAR
PRECIOSA
PRAIA

Com as técnicas dos grandes gênios criativos como recurso, com a técnica do Mapeamento Mental para ajudá-lo a aprofundar o seu senso poético e com o método de Ted Hughes como guia, você agora está pronto para dedicar-se ao penúltimo Exercício de Criatividade.

exercício de criatividade

1 Divirta-se com o Jogo de Associação Poética

Com base nas idéias de criação poética da página anterior, selecione um par de sua preferência e escreva um pequeno poema, a exemplo do meu, aplicando a técnica de Hughes das páginas 138-39.

2 Técnicas da Poesia e do Pensamento Criativo

Volte ao poema de Tennyson, *A Águia,* na página 136, e examine atentamente que técnicas de Pensamento Criativo são aplicadas em todo ele. Faça um levantamento de tudo o que o atrai no poema e use esses elementos para compor o seu próprio poema.

3 Tome Consciência dos Momentos Poéticos da sua Vida

Preste atenção às folhas de outono bafejadas pelo vento matutino, às expressões fugazes que passam pelo rosto das pessoas, às formas ou paisagens das nuvens, aos raios de sol que cortam as nuvens, aos animais e seus vários comportamentos. Fique um pouco mais de tempo observando e meditando sobre esses eventos e pense na possibilidade de descrevê-los de forma poética.

4 Forme Rituais Poéticos

Muitos grandes escritores criativos (inclusive Ted Hughes) costumavam manter uma vela acesa ao seu lado quando escreviam. A chama da vela é um recurso extraordinário para 'meditação criativa', que estimula o cérebro a contemplar algo belo, em constante mudança, e a devanear. Dos seus devaneios podem surgir muitas idéias poéticas maravilhosas.

5 Participe de Atividades Poéticas

Vá a livrarias e bibliotecas, e folheie livros de poesia, selecionando os que atraem de modo especial a sua Imaginação Criativa. Associe-se a clubes de leitura e estudo de poesia ou forme um você mesmo! Pesquise na Internet — a poesia floresce e se expande na grande rede, onde você pode aprender e também dar a sua contribuição.

Torne a poesia e o pensamento imaginativo poético partes da sua vida!

6 Mantenha um Caderno de Anotações Poéticas

Compre um caderno bonito, visualmente atraente, e anote nele as suas idéias poéticas e criativas. A simples presença desse caderno irá estimulá-lo a mergulhar naqueles imensos mananciais poéticos de Imaginação Criativa que estão esperando apenas que você se sirva deles.

7 Crie Poemas Curtos

Para iniciar, procure compor poemas curtos, como o haicai japonês. Um haicai tem sempre três versos e é tradicionalmente composto de dezessete sílabas. A idéia de um haicai é tomar um objeto, um conceito ou uma emoção comuns e observá-lo simples e profundamente de uma nova perspectiva.

Por exemplo, em torno do tema 'verão':

Verão: Mercúrio: sol-calor;
Verão: Marte: gelo seco;
Verão: Terra: paraíso.

Selecione os seus assuntos ou temas preferidos e brinque com essa bela forma poética japonesa. Divirta-se e socialize-se com sua poesia. É importante entender que a poesia nem sempre é 'séria', podendo ser preenchida com diversão, riso, amor e alegria.

Transforme aniversários e outras comemorações de familiares ou de amigos em oportunidades para escrever-lhes pequenas mensagens poéticas, como as que se vêem em cartões vendidos em lojas. Como estímulo, leia algumas dessas mensagens padronizadas e crie as suas próprias a partir delas, aperfeiçoadas!

8 Desenvolva o Uso dos Sentidos

Novamente, o nosso maravilhoso guia Leonardo, que foi também escritor de belos poemas e de prosa poética, vem em nosso auxílio. Além do princípio da Conexão, que já abordamos, Leonardo aplicava um outro — o da Sensação. Ele dizia que para pensar ou escrever criativamente devemos desenvolver todos os sentidos, para então usá-los *todos* em nossa expressão criativa.

Muitos poetas e escritores inexperientes caem na armadilha de usar apenas um sentido — por exemplo, a 'visão'. Quando escrever as suas obras-primas criativas envolva todos os sentidos.

9 Lembre-se — Você é um Poeta Nato

Como na arte e na música, reforce continuamente para si mesmo o fato de que *você* é um poeta nato. O seu cérebro vem escrevendo e pensando poesia e alimentando pensamentos belos e poéticos desde que você nasceu.

Esta é a oportunidade de libertá-lo.

Deixe que ele escreva POESIA!

apenas brincando

capítulo dez

Este último capítulo será dedicado ao mais criativo dos seres — a criança!

Seria interessante entender que, à medida que amadurece, mais jovial você deveria tornar-se; que, quanto mais envelhece, mais deveria rejuvenescer! Neste capítulo você vai saber por que é tão importante recriar a criança que você foi. Abordaremos dinamicamente um aspecto novo do Pensamento Criativo e participaremos do seu último Exercício de Criatividade que, neste capítulo, será um parque de diversões!

a criança

Como vimos, Einstein era como uma criança adulta. Ele vivia fascinado diante do universo que explorava, fazendo incessantemente perguntas simples, óbvias e profundas sobre a natureza do espaço, do tempo, do universo e de Deus.

Isaac Newton, outro dos grandes da história da ciência, era considerado o epítome do cientista sério, rude, lógico e racional, a ponto de atemorizar.

Ele se via sob uma luz muito diferente. Dizia que se achava simplesmente um pequeno garoto passeando por uma praia. Às vezes, cheio de alegria, ele encontrava uma concha nova e bonita ou uma pedra multicolorida brilhante que o encantava. A praia era banhada por um oceano imenso, junto ao qual o menino brincava.

Para Newton, suas percepções e teorias profundas eram simplesmente aquelas belas conchas e pedras brilhantes; o imenso oceano era o Oceano da Verdade, que ele mal começara a explorar.

distante da criança

Um experimento inquietante, realizado recentemente em Utah, Estados Unidos, pesquisou o volume de potencial criativo utilizado pelas pessoas em diferentes idades. Para pesquisar o 'desenvolvimento' da criatividade ao longo da vida, foram testados crianças do jardim-de-infância, do ensino fundamental, alunos do ensino médio, universitários e adultos. Os resultados foram assustadores!

Grupo por faixa etária	Porcentagem de criatividade utilizada
Crianças do jardim-de-infância	95-98%
Crianças do ensino fundamental	50-70%
Alunos do ensino médio/universitários	30-50%
Adultos	menos de 20%

Como um quase-graduado em *O Poder da Inteligência Criativa* você saberá a razão desse resultado: à medida que as crianças foram crescendo, todas as coisas que estivemos abordando neste livro foram aos poucos sendo retiradas da vida delas, ficando apenas as cascas secas e as conchas refugadas da Criatividade.

dentro da caixa; fora da caixa; de volta à caixa!

O modo como temos conduzido o nosso desenvolvimento manteve todo o nosso pensamento 'dentro da caixa', para usar uma expressão inglesa moderna. Ou seja, dentro de limites rígidos.

Grande parte da educação moderna e dos treinamentos empresariais dedica-se hoje cada vez mais à tarefa de nos 'tirar da caixa'. Num sentido, é isso que *O Poder da Inteligência Criativa* ajuda você a fazer.

Mas vamos usar uma das ferramentas do Pensamento Criativo e olhar as coisas (como sabemos que devemos fazer!) de outra perspectiva.

Em ocasiões festivas e em aniversários, uma queixa comum dos pais é a que se refere à reação dos filhos pequenos aos brinquedos dispendiosos que ganham. A queixa é mais ou menos assim:

'Gastamos mais de duzentos dólares com esse brinquedo fantástico, com todos os tipos de componente e dispositivos os mais modernos, e o nosso pequeno passou quinze minutos brincando com ele e já o deixou de lado. Agora está brincando com a caixa do presente!'

Por que essa cena acontece com tanta freqüência? Pense nisso. O cérebro extraordinariamente criativo das crianças analisou o novo brinquedo quase instantaneamente, percebeu que ele faz algumas coisas básicas, em geral repetitivas, divertiu-se um pouco e passou para outra coisa. Para que coisa? Para algo *muito* mais interessante — *a caixa.*

pense um pouco no que essa caixa pode significar para uma criança. Ela pode ser:

- uma máquina para viajar no tempo que pode levá-la à época dos dinossauros
- uma nave espacial que a leva aos limites do universo
- uma caverna
- uma casa
- um carro
- um barco
- um esconderijo secreto

E você mesmo, com a imaginação criativa da sua criança interior, pode sugerir pelo menos outras vinte 'utilidades' que uma criança pode descobrir para uma caixa. Tente algumas.

Assim, iremos agora inverter a tendência moderna, e em vez de '*sair* da caixa' vamos '*entrar* na caixa', onde o parque de diversões para a nossa Imaginação Criativa é infinito — *contanto que, como crianças, saibamos usá-lo.*

Nos círculos tradicionais do Pensamento Criativo 'dentro da caixa' é ruim, 'fora da caixa' é bom. Do ponto de vista da criança, quando você está 'na caixa', se usar a sua imaginação, você já está *fora* dela. Assim, da nova perspectiva de *O Poder da Inteligência Criativa,* tanto se você está dentro como se está fora dela, *você* ganha!

Por isso, de agora em diante, você poderá seguir *dois* guias ao longo da sua vida que podem ajudá-lo a alimentar, cultivar e desenvolver o poder da sua Inteligência Criativa: Leonardo da Vinci e a criança.

Conforme prometido, *este* Exercício é brincadeira de criança!

parque de diversões de criatividade

1 Olhe as Coisas com Atenção

Como a criança, *olhe* com atenção. Quando as crianças olham, fitando as coisas, os olhos delas absorvem todos os detalhes, que elas armazenam para uso posterior em sua imaginação fértil e criativa.

2 Ouça Histórias

Como a criança, procure entrar em contato com histórias e com contadores de histórias, e ouça-os com atenção enlevada. Quando ouve com os olhos e a mente abertos como uma criança, o seu mundo de fantasia se enche com riquezas que serão usadas mais adiante.

3 Invente Histórias

Dando rédea solta à sua Imaginação Criativa, você será capaz de inventar histórias de fadas e fantasias incríveis, *exatamente como fazem as crianças.*

4 Brinque com a Comida

Dizemos insistentemente para os nossos filhos não brincarem com a comida. Por que eles fazem isso? Porque é uma diversão multissensória fantástica! Quando dizemos: 'Não brinque com a comida', estamos de fato dizendo, 'Não a aproveite! Não se torne um *chef*!'

Cozinhar está se tornando um dos passatempos mais populares e de maior crescimento no mundo. Felizmente, mais 'crianças' estão seguindo o exemplo de crianças. Faça isso você também!

5 Brinque com Crianças

Em vez de dar às crianças jogos de adultos para que elas brinquem com você, na próxima vez que brincar com crianças (e isso deveria ser rápido e com freqüência), deixe que *elas* liderem o jogo. Você vai descobrir que a sua Inteligência Criativa se distende infinitamente, e também o seu corpo!

6 Aprenda a Fazer Coisas Novas

A vida da criança é preenchida criativamente com aprendizado e experimentação constantes, segundo a segundo, dia a dia. Recrie essa atitude em si mesmo, e explore e aprenda mais. À medida que volta a desenvolver esse hábito no decorrer da sua vida, cada aspecto dela se tornará mais criativo e gratificante.

7 Conceda-se Prazeres Simples

Uma das grandes alegrias das crianças são pequenos prazeres especiais, como tomar um sorvete com as suas três coberturas preferidas ou comer um pãozinho quente especial, crocante, recém-saído do forno. Depois de se comportar como um 'bom menino', recompense a si mesmo com uma dessas formas tão agradáveis e prazerosas.

8 Use a 'Caixa de Ferramentas' das Crianças

A caixa de ferramentas que as crianças usam para escalar as altas montanhas do conhecimento tem como base os ganchos de abordagem das perguntas 'O quê?'! As crianças vivem perguntando 'por quê?' 'quem?' 'onde?' 'o quê?' 'quando?' O seu pequeno cérebro em desenvolvimento sabe intuitivamente que as respostas fornecem os elos e as associações que compõem os imensos mapas do conhecimento de que elas precisam para conduzir-se na vida. Faça tantas perguntas (e com a mesma persistência) quanto as crianças.

9 Pergunte 'Por quê?' ou 'Como?' Cinco Vezes pelo Menos!

Como exercício criativo para expansão da mente, adote o hábito de perguntar 'por quê?' e 'como?' cinco vezes. Depois da primeira pergunta haverá uma resposta. Repita a pergunta, com referência a essa resposta. Isso forçará a sua imaginação e os bancos de conhecimento a se expandirem e mergulharem mais fundo. Repita esse procedimento cinco vezes; você em geral acaba descobrindo que chegou aos limites do conhecimento presente e está avançando nos reinos da imaginação necessária para o Pensamento Criativo e a Solução de Problemas.

10 No fundo, Você é uma Criança!

Seja o que for que as pessoas tenham dito (ou mesmo o que você possa ter pensado), entenda que, no fundo, você foi e sempre será uma criança:

> Quem são os que melhor aprendem no planeta? As crianças!
> Quem são os que melhor perguntam no planeta? As crianças!
> Quem são os seres humanos mais persistentes do planeta? As crianças!
> Quem está interessado em tudo? As crianças!
> Quem são os mais ativos? As crianças!
> Quem usa mais os sentidos? As crianças!
> Quem obtém os maiores prazeres com as coisas mais simples? As crianças!
> Quem vê as coisas dos modos mais variados? As crianças!
> Quem faz as associações mais espantosas e originais? As crianças!
> Quem usa os dois lados do cérebro? As crianças!
> QUEM SÃO AS PESSOAS MAIS CRIATIVAS DO PLANETA? AS CRIANÇAS!
> *Você agora é uma delas, novamente!*

parabéns!

Você agora faz parte daquele número crescente em todo o mundo de graduados em *O Poder da Inteligência Criativa.*

Pense na posição privilegiada em que você está agora:

- você está no controle total do conhecimento dos seus cérebros mágicos direito e esquerdo, e já começou a acelerar o desenvolvimento das capacidades sinérgicas deles
- você compreendeu e domina os princípios do 'canivete suíço do cérebro' definitivo — o Mapa Mental, e é capaz de usá-lo em todas as situações que exigem Pensamento Criativo e solução de problemas
- você realizou proezas espantosas artisticamente, e está liberando esse poder artístico para melhorar a sua vida de todas as maneiras possíveis que possa imaginar
- você se redefiniu como músico e tem uma vasta e nova 'linguagem' na ponta dos dedos (e das células cerebrais!)
- você está consciente de que pode acelerar a velocidade e o poder do seu Pensamento e da sua Criatividade, e compreende que a sua capacidade nessa área é infinita
- por compreender a natureza da Flexibilidade Criativa, você também entendeu que é mais valioso e único do que jamais imaginou e que está a caminho de se tornar ainda mais original e distinto
- você começou a libertar a sua alma poética ao contemplar o universo com os olhos do maior Gênio Criativo, a criança.

Você realizou tudo isso enquanto compreendia progressivamente, durante a leitura de *O Poder da Inteligência Criativa,* que tem entre as orelhas a máquina de associação definitiva do universo: o seu espantoso, surpreendente e infinitamente criativo Cérebro Humano!

No caminho à frente, em direção ao seu futuro Criativo, você será acompanhado pelos Gênios Criativos da História, e também pela sua própria energia e Inteligência Criativa florescentes.

Aproveite a jornada!

Floreant Dendritae (Que as células do seu cérebro floresçam!)
Tony Buzan

Se você tem interesse em aprender mais sobre Inteligência Criativa e em participar de jogos, testes e debates em torno dos assuntos tratados aqui, visite o site em inglês:

www.Mind-Map.com